KLARTEXT

Das große Ruhrgebiets-Buch für Kinder

Alles zum Malen, Rätseln und Entdecken
rund um die tollste Region der Welt

Von Claas Janssen
unter Mitarbeit von Achim Nollenheidt

*Auflösung von der Seite „**Seen, Flüsse und Kanäle**":*
1 Xantener Südsee **2** Diersfordter Waldsee **3** Auesee **4** Alter Rhein **5** Freizeitsee Menzelen
6 Tenderingsee **7** Wesel-Datteln-Kanal **8** Lippe **9** Badeweiher **10** Seebad Haltern **11** Silbersee II
12 Hullerner Stausee **13** Naturfreibad Heil **14** Rhein **15** Lohheidesee **16** Rhein-Herne-Kanal
17 Toeppersee **18** Kruppsee **19** Wedau (und Böllertsee, Wildförstersee, Haubachsee) **20** Großenbaumer See
21 Rahmer See **22** Sechs-Seen-Platte mit Wolfssee **23** Ruhr **24** Kettwiger Stausee **25** Baldeneysee
26 Kemnader See **27** Harkortsee **28** Hengsteysee **29** Ennepe **30** Hasper Talsperre
31 Ennepetalsperre **32** Glörtalsperre **33** Volme **34** Lenne

Bildnachweis:
Stefan Ziese S. 31, 35, 37, 48 - Museum für Naturkunde Dortmund S. 39
Jutta234 S. 40 o.l. - Olaf Leilinger S. 40 u.l. - Christian Fischer S. 40 o.r. - Hans Hillewaerd S. 40 u.r.
Andreas Trepte S. 41 o. - MOdmate S. 41 u.l. - Michael Wolf S. 41 u.r.

1. Auflage März 2013
Illustrationen und Gestaltung: Claas Janssen, Frankfurt, www.janssen-illustration.de
Texte und Redaktion: Achim Nöllenheidt
Druck und Bindung: Proost NV

ISBN 978-3-8375-0843-7

KLARTEXT www.klartext-verlag.de

Das ist alles drin

Die Übersichtskarte – Wo liegen die wichtigsten Städte und Flüsse im Ruhrgebiet?
Was fällt dir ein zum Ruhrgebiet? – Male, woran du denkst
Was machten die Römer in Xanten? – Zum Raten und Ausmalen
Das Rätsel um Schloss Werdringen – Auf in die Ritterzeit
Die Stadt Dortmund hatte vor 800 Jahren eine Stadtmauer – Was steht heute dort?
Die Altstadt Hattingen – Warum stehen hier die Fachwerkhäuser so eng nebeneinander?
Die Wassermühle in Schermbeck – Wie aus Korn Brot wird
Der Emscher Park Radweg – „Erfahre" die Vergangenheit des Ruhrgebiets
Fußball im Ruhrgebiet – Zeichne Deine Lieblingsmannschaft
Der Hochseilgarten Wischlingen – Hier kannst du klettern und raten
Die Kluterthöhle – Wo ist der Schatz versteckt?
Deutsches Bergbau-Museum Bochum – Die spannende Welt unter Tage
Die Bergleute und ihre Werkzeuge – Ein Quiz
Fördertürme sehen verschieden aus – Kannst du welche zeichnen?
Das große Fotoalbum der Fördertürme – Klebe deine eigenen Aufnahmen ein
Die Zeche Zollern im Überblick – Was gehörte alles dazu?
Das LWL-Industriemuseum Henrichshütte – Auf zum „Weg des Eisens"
Der Duisburger Zoo – Ein Quiz über Tiere
Das Dortmunder Naturkundemuseum – Wie groß Saurierzähne wirklich waren
Seltene Tiere und Pflanzen auf alten Zechengeländen? – Aber ja! Du musst sie nur finden
Tolle Bauernhöfe im Ruhrgebiet – Ein „malerischer" Besuch auf dem Ziegenmichelhof
Was im Ruhrgebiet so alles auf den Teller kommt – Kennst du die Gerichte?
Der Maximilianpark in Hamm – Vom Elefantenkopf und vielen Schmetterlingen
Der Park der Villa Hügel – Finde aus dem Irrgarten hinaus
Der Gasometer Oberhausen – Womit möchtest du diese riesige Tonne ausfüllen?
Der Westfalenpark Dortmund – Was würdest du als Parkdirektor tun?
Das Schiffshebewerk Henrichenburg – Wie werden ganze Schiffe gehoben?
Das Ruhrgebiet hat viele Seen, Flüsse und Kanäle – Weißt du welche? Und wo kann man baden?
Das Museum der Deutschen Binnenschifffahrt – Male zu einem alten Segelschiff die passenden Seemänner
Der Duisburger Binnenhafen – Welche Dinge transportieren die riesigen Frachter?
Ausflug zum Kemnader See – Hier kannst du viele Sachen unternehmen und malen
Das Aquarius Wassermuseum – Die spannende Welt des Wasserkreislaufs
Das Museum mondo mio! – Überlege, wie es Kindern in anderen Ländern geht
Die Kinderfilmtage im Ruhrgebiet – Gestalte ein Plakat zu deinem Lieblingsfilm
Das Museum Folkwang – Male Bilder für dein eigenes Kunstmuseum
Das Eisenbahnmuseum Bochum – Wen möchtest du als Lokomotivführer mitnehmen?
Das LWL-Freilichtmuseum Hagen – Werde Bäcker, Müller oder Schmied
Das Zeiss Planetarium Bochum – Welche Sterne kennst du?
Die Camera Obscura – Warum stehen hier die Bilder auf dem Kopf?
Tolle Bauernhöfe im Ruhrgebiet – Ein „malerischer" Besuch auf dem Ziegenmichelhof
So spricht man im Ruhrgebiet – Kennst du die Bedeutung?
Möchtest du noch mehr zu den Orten im Buch wissen? – Tipps für weitere Informationen gibt es hier

Die Übersichtskarte vom Ruhrgebiet.
Aber die Namen von den Städten und

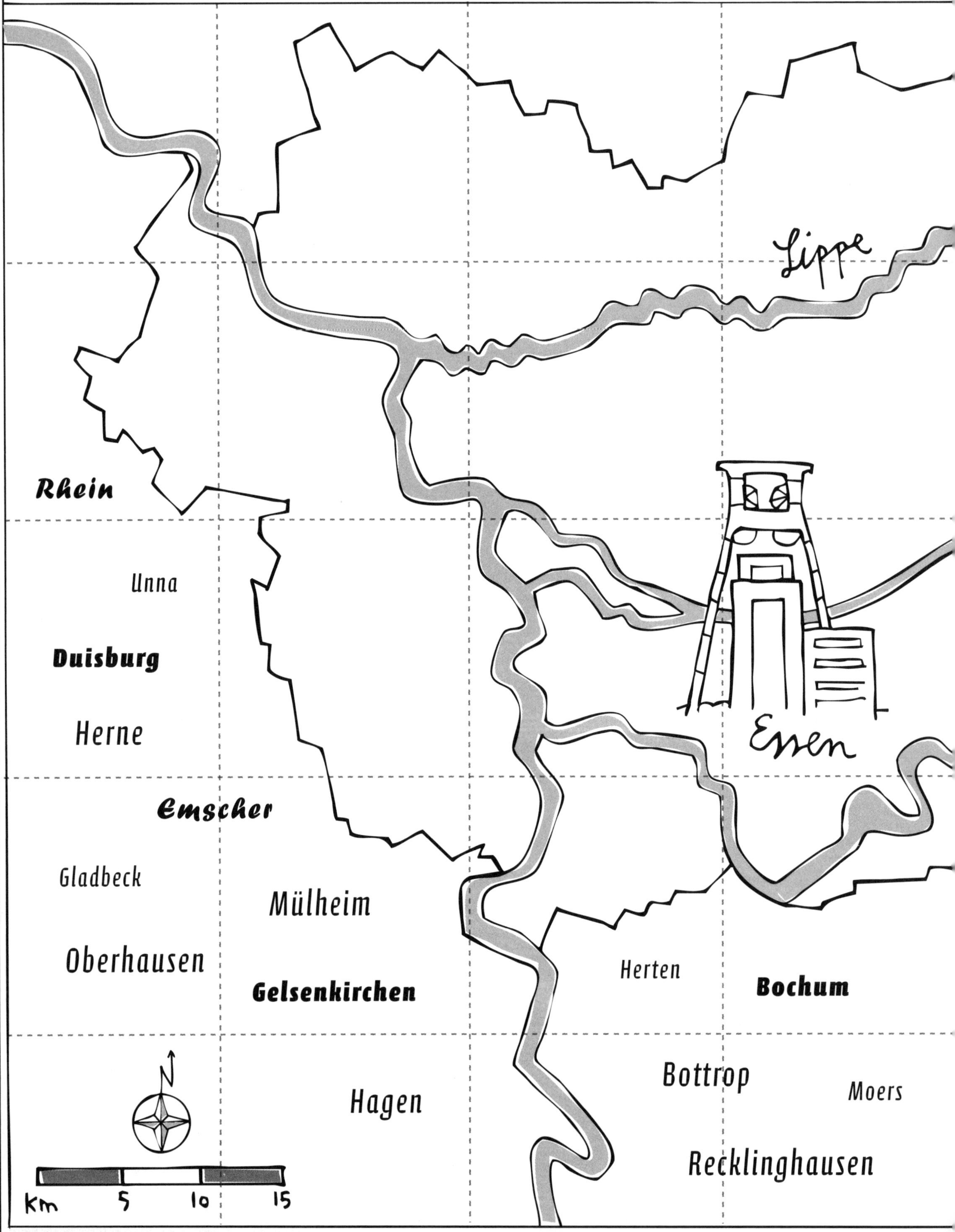

den Flüssen stehen noch nicht an den richtigen Stellen.

Die müsstest du bitte rein schreiben. Und wenn du noch mehr Städte und Sehenswürdigkeiten kennst – her damit!

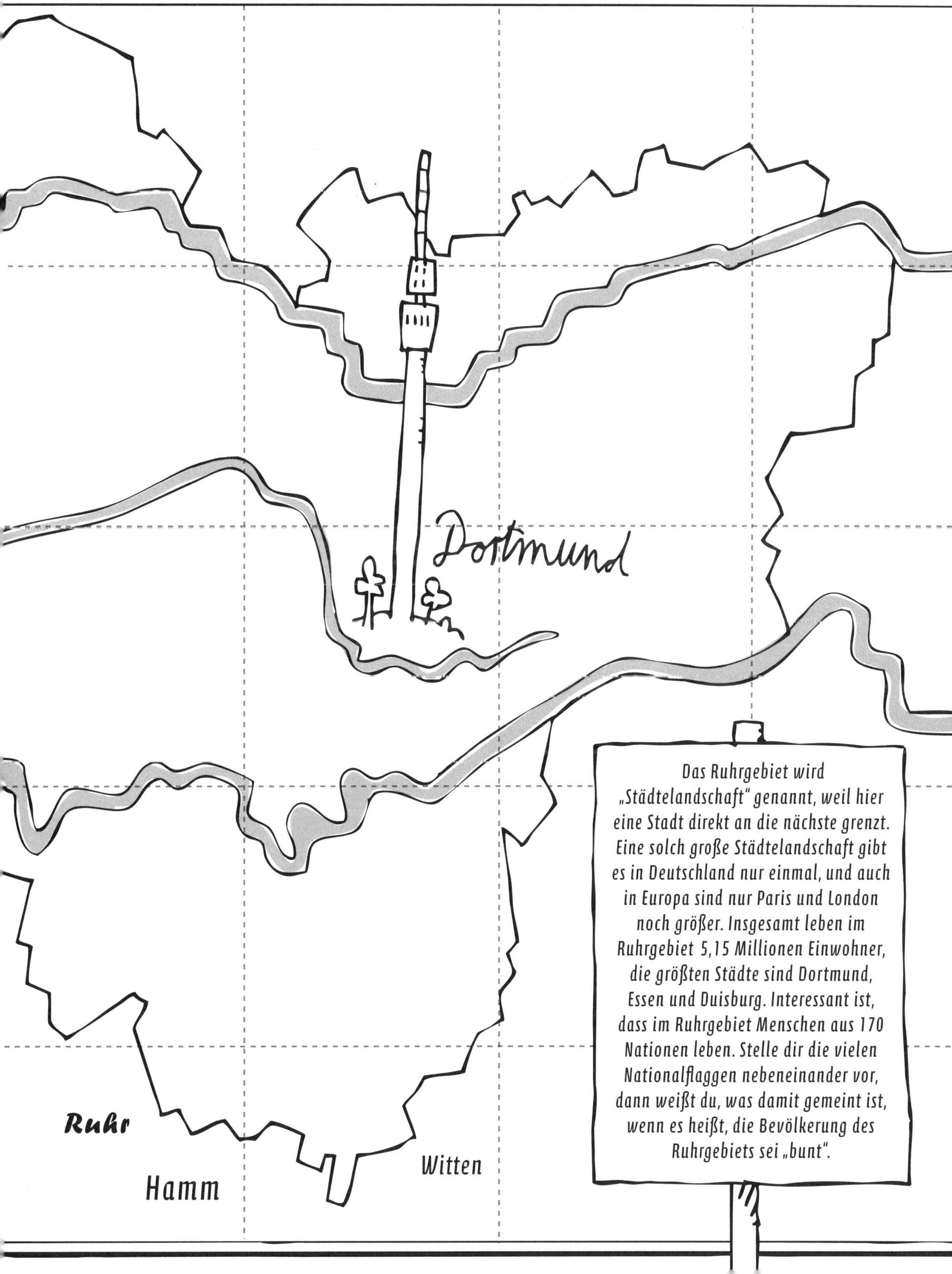

Das Ruhrgebiet wird „Städtelandschaft“ genannt, weil hier eine Stadt direkt an die nächste grenzt. Eine solch große Städtelandschaft gibt es in Deutschland nur einmal, und auch in Europa sind nur Paris und London noch größer. Insgesamt leben im Ruhrgebiet 5,15 Millionen Einwohner, die größten Städte sind Dortmund, Essen und Duisburg. Interessant ist, dass im Ruhrgebiet Menschen aus 170 Nationen leben. Stelle dir die vielen Nationalflaggen nebeneinander vor, dann weißt du, was damit gemeint ist, wenn es heißt, die Bevölkerung des Ruhrgebiets sei „bunt“.

Wenn du ans **Ruhrgebiet** denkst, was fällt dir dann ein?

Ein See, ´ne Wurst, die Oma?

Das Ruhrgebiet ist so riesig,
dass dir bestimmt noch vieles mehr einfällt.
Denkst du zum Beispiel an einen Zoo oder an
ein Fußballstadion? Oder siehst du dich zusammen
mit deinen Eltern auf einem Ausflugsschiff?
Vielleicht kommt dir ja auch der Kiosk an der Ecke
oder der Spielplatz nebenan in den Sinn.
Egal, was es ist, du hast hier
viel Platz zum Malen.

Warum kamen die **Römer** nach **Xanten** und

Bitte mach deine Kreuze.

☐ Provinzen sichern

☐ Gladiatoren zugucken

☐ Heiraten

☐ Germanen verhauen

☐ Schafe züchten

Die heutige Stadt Xanten hieß vor über 2000 Jahren „Colonia Ulpia Trajana" und war nach Köln und Trier die drittgrößte römische Stadt nördlich der Alpen. Um 100 nach Christus lebten hier etwa 10.000 Menschen. Die nach dem römischen Kaiser Marcus Ulpius Traianus benannte Stadt diente als Standort für das römische Militär und als Ausgangspunkt für Feldzüge ins rechtsrheinische Germanien, das die Römer erobern wollten. Im LVR-Archäologischer Park kann man in einem antiken Amphitheater sitzen oder den teilweise rekonstruierten Hafentempel und Wehrtürme besichtigen. Und das dortige RömerMuseum bietet eine tolle Entdeckungsreise durch 400 Jahre römischer Geschichte an.

☐ Abenteuerurlaub machen

☐ Handel treiben

☐ Wein ernten

☐ im Rhein baden

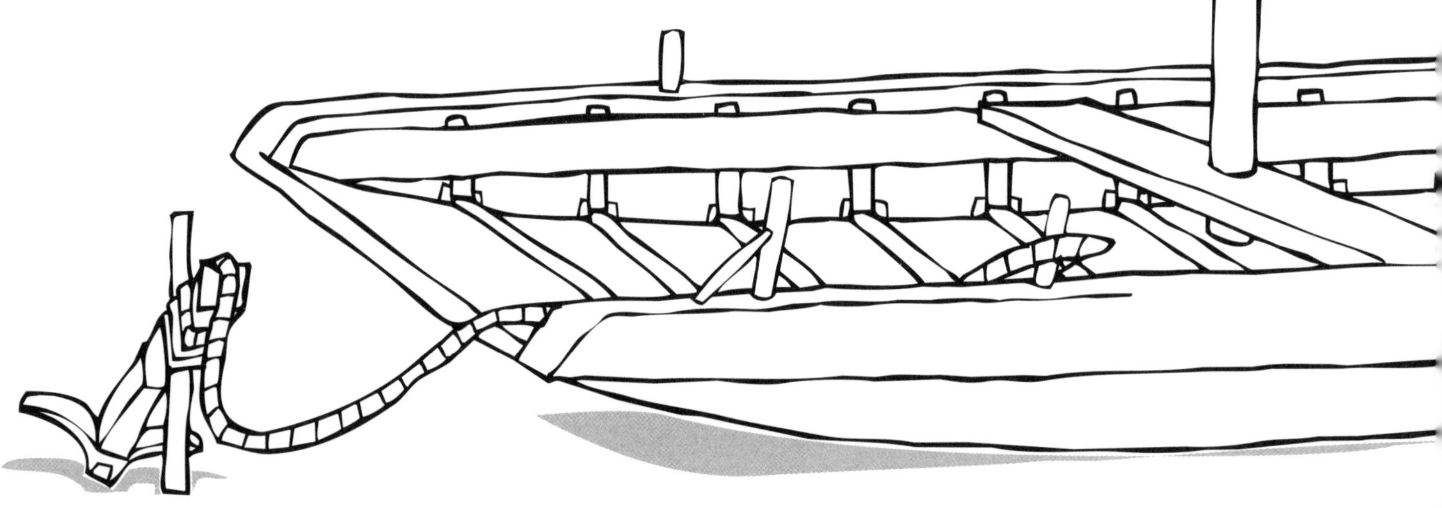

was machten die dann eigentlich bei uns?

So sahen die römischen Legionäre aus. Ihre Ausrüstung war etwa 40 Kilogramm schwer und bestand u.a. aus Schild, Wurfspeer, Helm und Kettenhemd.

Im LVR-RömerMuseum werden ganz viele Originalfunde aus der römischen Stadt und den Legionslagern gezeigt, wie diese Amphoren. In ihnen wurden Wein, Olivenöl und andere Waren gelagert und transportiert.

Der „Wardter Prahm" ist ein Schiff mit flachem Boden, auf dem in römischer Zeit Waren auf dem Rhein und anderen Flüssen transportiert wurden.

Willst du mal Schlossherr oder -herrin sein?

Das Wasserschloss Werdringen ist eines von vielen Adelssitzen entlang der Ruhr. Erste Besitzer waren vor über 800 Jahren vermutlich die Herren von Volmarstein, danach wurde das Schloss allerdings zerstört und verändert wieder aufgebaut, zuletzt 1852 durch Friedrich Wilhelm III. von der Recke-Volmarstein. Seit 2004 gibt es hier auch das „Museum für Ur- und Frühgeschichte – Wasserschloss Werdringen", in dem du zum Beispiel Steinwerkzeuge des Neandertalers oder naturgetreue Nachbildungen von eiszeitlichen Tieren bestaunen kannst, darunter ein 3,70 Meter hohes Mammut.

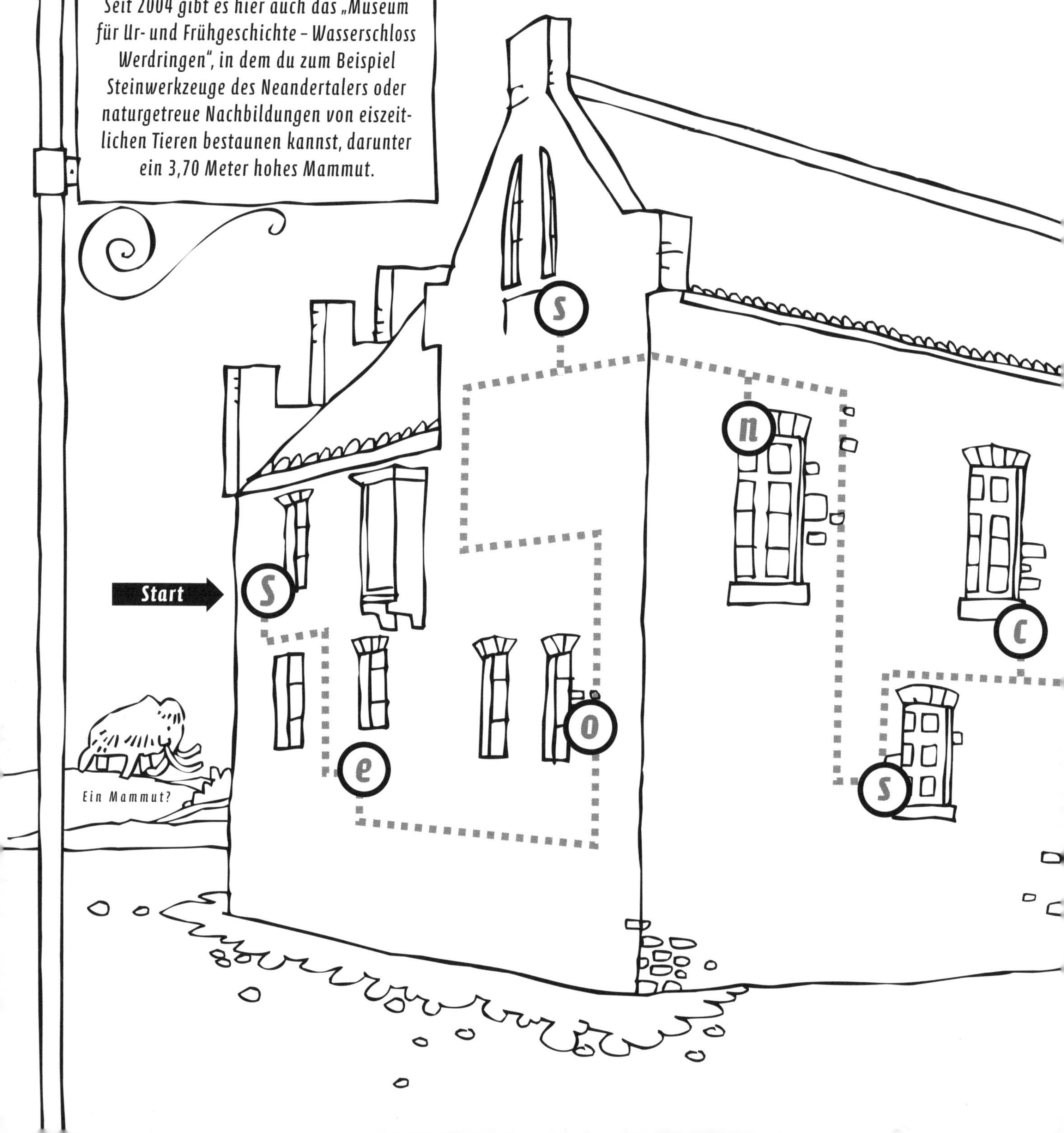

Wie wär´s mit Schloss Werdringen? Aber Vorsicht.

Denn wenn du der gestrichelten Linie folgst und in jedem Zimmer einen Buchstaben einsammelst und in der richtigen Reihenfolge in die Lösungsbox schreibst, bekommst du das Lösungswort.

Jedes Schloss hat nämlich ein

Wenn du´s nicht raus kriegst: Nächste Seite.

Wie könnte die Stadt **Dortmund** vor 800 Jahren ausgesehen haben?

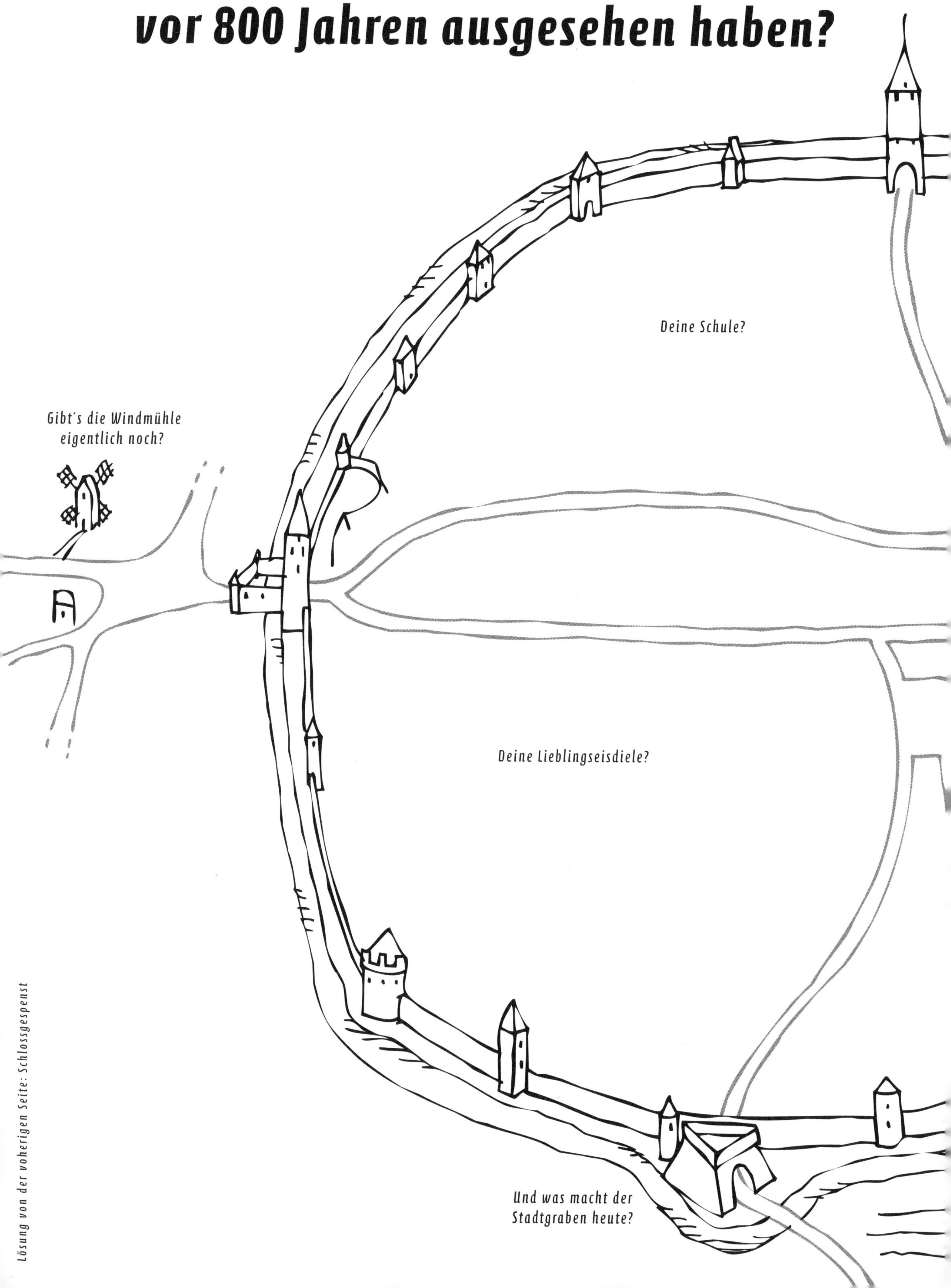

Lösung von der voherigen Seite: Schlossgespenst

Und wie sieht sie heute aus?

Zeichne Gebäude und Plätze und Schwimmbäder und Parkhäuser ein, die du von Abbildungen von dem früheren und dem heutigen Dortmund kennst. Gerne auch außerhalb der alten Stadtmauer, denn da hat sich auch eine Menge verändert: Felder sind da nicht mehr.

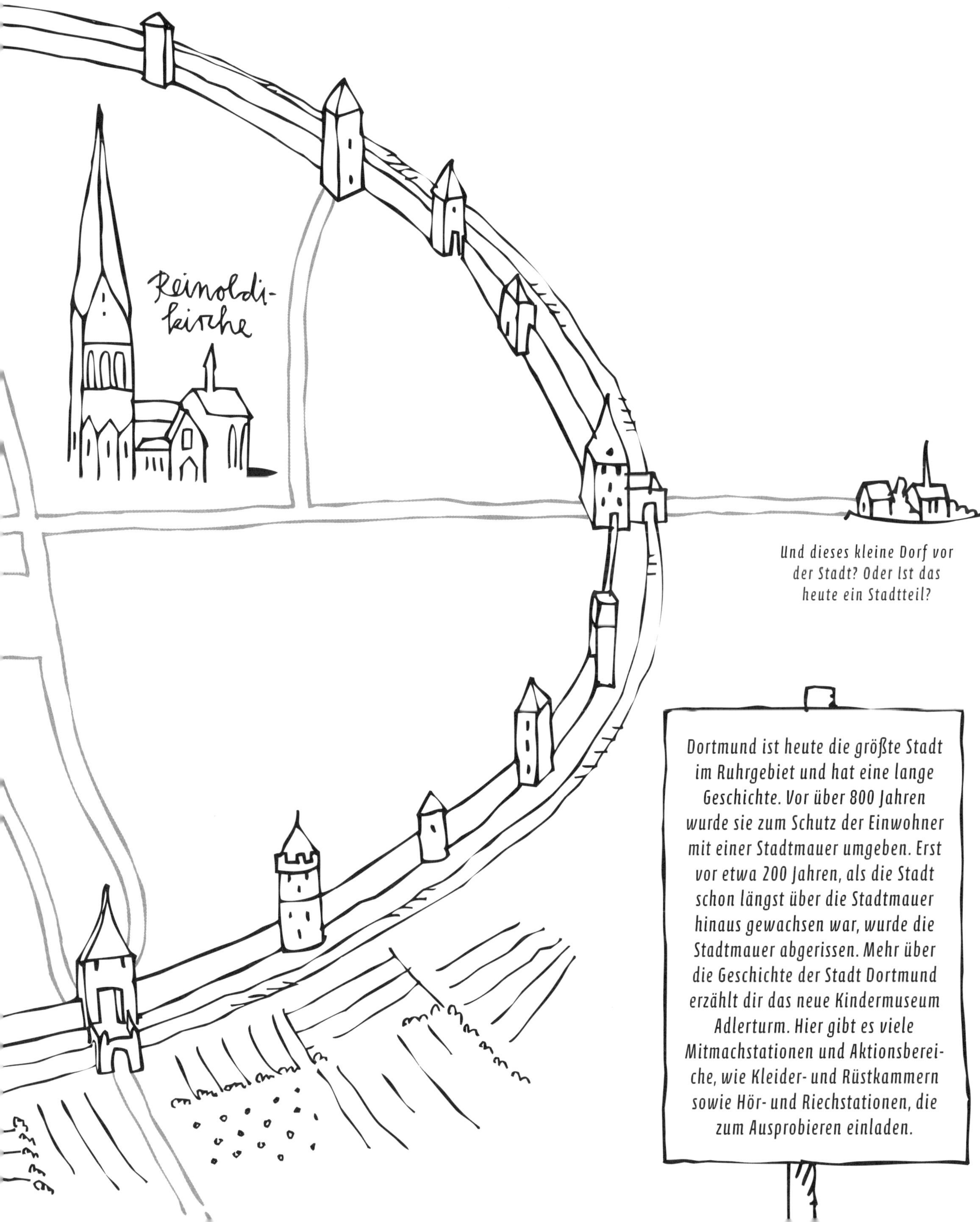

Und dieses kleine Dorf vor der Stadt? Oder Ist das heute ein Stadtteil?

Dortmund ist heute die größte Stadt im Ruhrgebiet und hat eine lange Geschichte. Vor über 800 Jahren wurde sie zum Schutz der Einwohner mit einer Stadtmauer umgeben. Erst vor etwa 200 Jahren, als die Stadt schon längst über die Stadtmauer hinaus gewachsen war, wurde die Stadtmauer abgerissen. Mehr über die Geschichte der Stadt Dortmund erzählt dir das neue Kindermuseum Adlerturm. Hier gibt es viele Mitmachstationen und Aktionsbereiche, wie Kleider- und Rüstkammern sowie Hör- und Riechstationen, die zum Ausprobieren einladen.

Warum stehen in der Altstadt von Hattingen die Häuser so eng aneinander?

Triff deine Wahl und mach dein Kreuz. Oder fallen dir noch andere gute Gründe ein?

Wenn du Hattingen besuchst, wirst du staunen. Hier sieht es fast so aus wie vor vielen Jahrhunderten. Du kannst drei Burgen besuchen und durch ein Städtchen mit ganz engen Gässchen wandern, das mit 150 Fachwerkhäusern aus dem Mittelalter so viele alte Gebäude hat wie sonst keine Stadt in der Umgebung. Am bekanntesten sind das „Alte Rathaus“, das 1576 erbaut wurde, und das 1611 errichtete „Bügeleisenhaus“, das so lustig heißt, weil es an einer Seite so spitz zuläuft wie ein Bügeleisen.

- ☐ Weil wenig Platz ist innerhalb der Stadtmauer.
- ☐ Damit du sehen kannst, was es bei Nachbars zum Mittag gibt.
- ☐ Damit der Wind nicht durch die Gassen pfeift.

Wo viele Menschen leben, da brauchen viele Bäuche Brot. Und dafür sorgte auch die Wassermühle in **Schermbeck.**

Weißt du, wie aus Korn schließlich Brot wird? Erkläre die einzelnen Produktionsstufen, bitte.

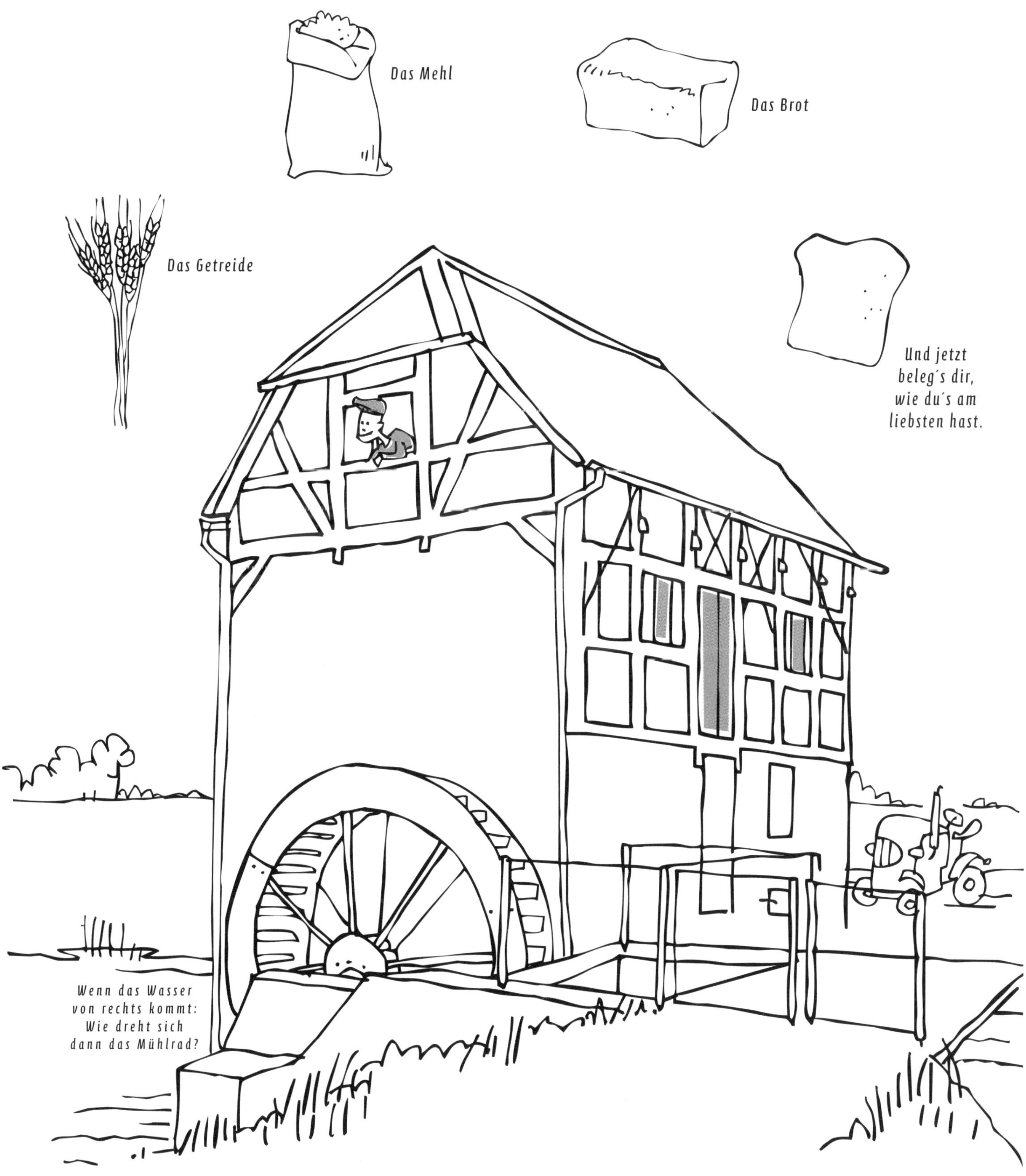

Wo führt der **Emscher Park Radweg** denn überall vorbei? Nimm dein Fahrrad,

Klasse fand ich

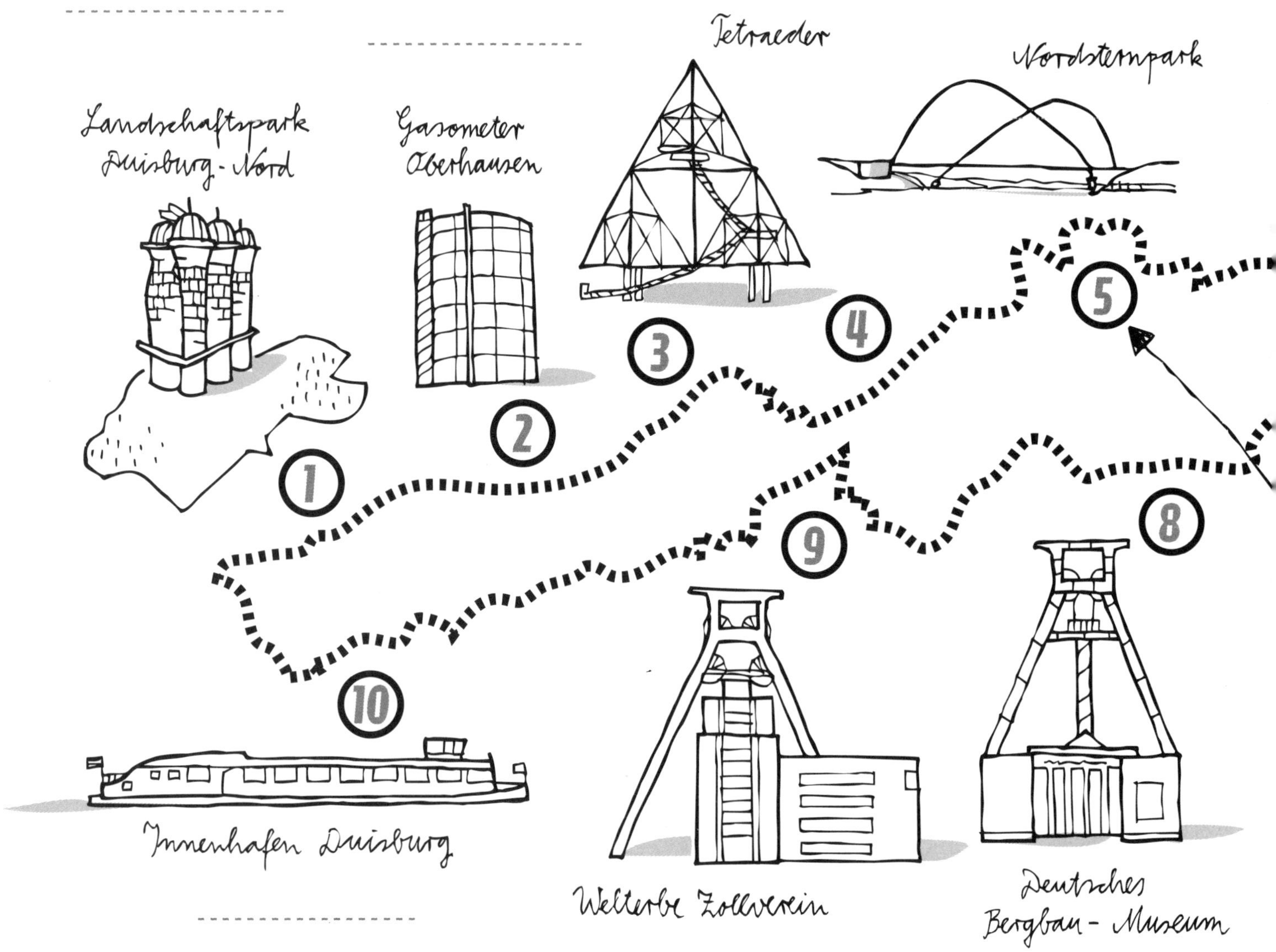

Ich habe

entdecke das Beste und schreibe kurz auf, warum´s dir gut gefallen hat.

6

Maximilianpark Hamm

- - - - - - - - - - - - - - - -

- - - - - - - - - - - - - - - -

- - - - - - - - - - - - - - - -

- - - - - - - - - - - - - - - -

- - - - - - - - - - - - - - - -

7

Zeche Zollern

Da gibt's - - - - - - - - - - - -

- - - - - - - - - - - - - - - -

- - - - - - - - - - - - - - - -

- - - - - - - - - - - - - - - -

- - - - - - - - - - - - - - - -

- - - - - - - - - - - - - - - -

- - - - - - - - - - - - - - - -

- - - - - - - - - - - - - - - -

Landschaftspark Hoheward

- - - - - - - - - - - - - - - -

- - - - - - - - - - - - - - - -

- - - - - - - - - - - - - - - -

- - - - - - - - - - - - - - - -

- - - - - - - - - - - - - - - -

- - - - - - - - - - - - - - - -

- - - - - - - - - - - - - - - -

emscher park radweg

route industriekultur

Wo früher Kohle abgebaut wurde und Schornsteine für schlechte Luft sorgten, kannst du heute eine tolle Radtour durchs Grüne machen. Dabei begegnen dir spannende Orte aus 150 Jahren Industriegeschichte: Hochöfen und Gasometer, Zechen und Fördertürme und vieles mehr. Weil der Radweg 229 Kilometer lang ist, kann man dies natürlich nicht an einem Tag abstrampeln. Also sucht man sich entweder eine schöne Tagestour aus, oder man fährt mehrere Tage – Übernachtungsmöglichkeiten gibt es in „Bett & Bike"-Hotels.

Wer ist deine **Fussball-Mannschaft?**
Mach´sie komplett und zeichne ihre Köpfe und Nummern ein!

Nirgendwo sonst in Deutschland spielt der Fußball eine größere Rolle als im Ruhrgebiet. Und natürlich hat jeder Fußballfan seine Lieblingsmannschaft. Für welchen Verein schlägt dein Herz? Die zwei größten Klubs, Borussia Dortmund und der FC Schalke 04, haben übrigens ein eigenes Museum, in denen du viel über die Geschichte der Vereine und ihre größten Erfolge erfahren kannst.

Im Hochseilgarten Wischlingen kannst du tolle Klettertouren in

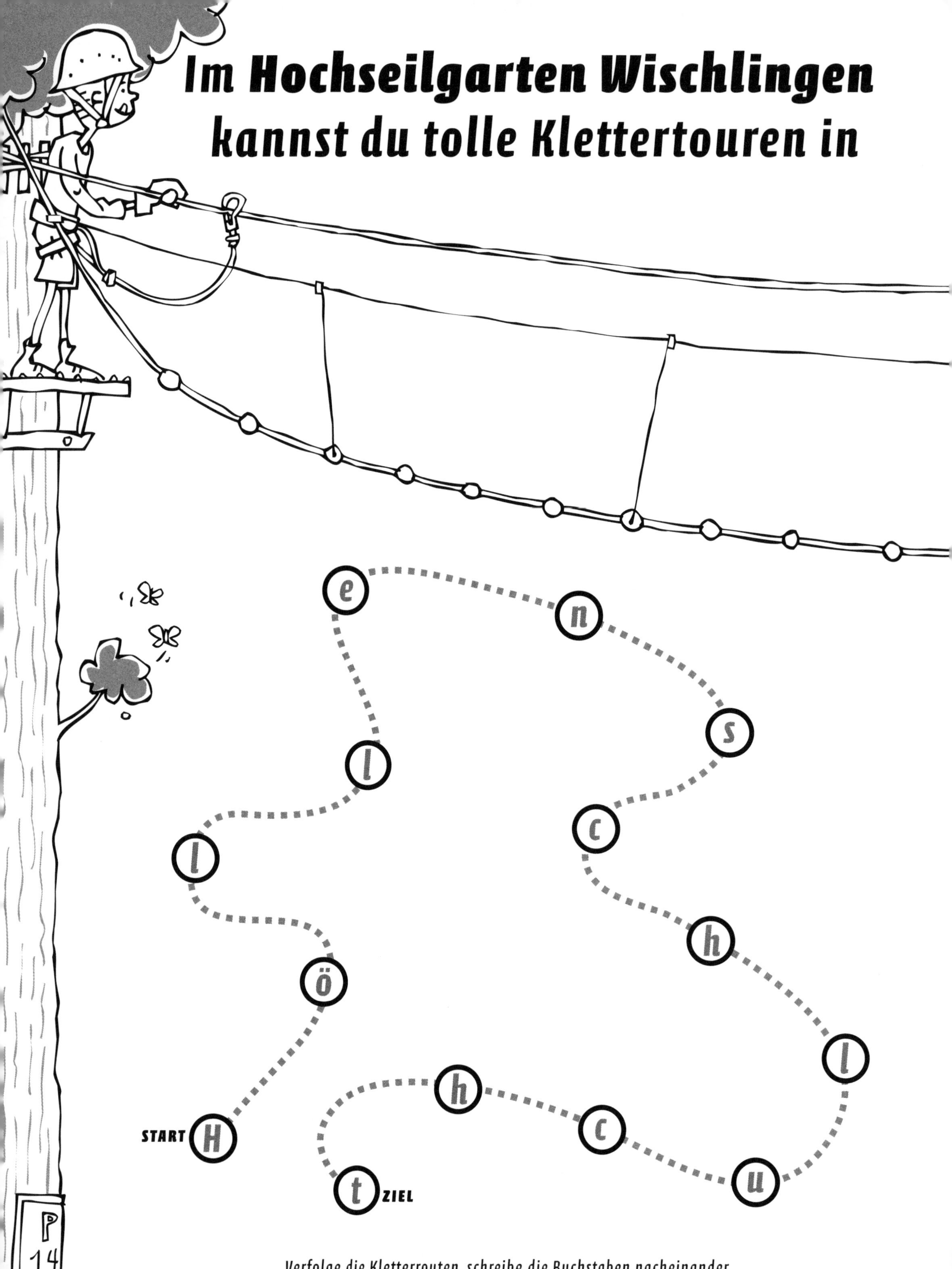

Verfolge die Kletterrouten, schreibe die Buchstaben nacheinander in die Lösungsboxen und du bekommst zwei weitere Attraktionen aus dem Park!

den Bäumen machen. Aber das ist noch lange nicht alles.

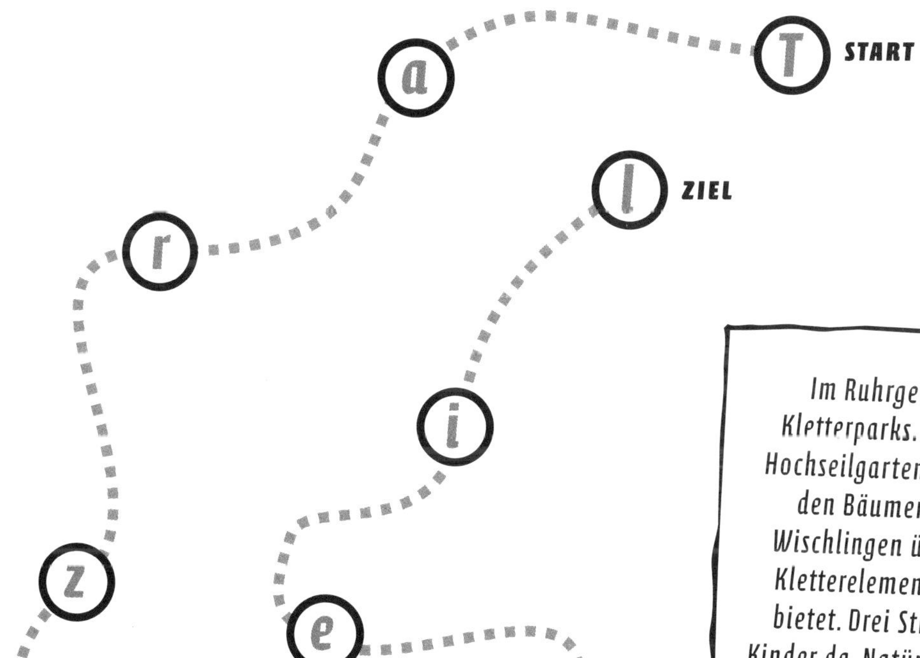

Im Ruhrgebiet gibt es viele Kletterparks. Einer davon ist der Hochseilgarten Wischlingen, der in den Bäumen des Revierparks Wischlingen über 140 spannende Kletterelemente auf elf Parcours bietet. Drei Strecken sind nur für Kinder da. Natürlich bist du jederzeit durch Sicherheitsseile geschützt, es kann also nichts passieren. Für die Größeren gibt es so tolle Attraktionen wie das „Spinnennetz" oder eine 120 Meter lange Seilrutsche.

Wenn du's nicht raus kriegst: Nächste Seite.

In der **Kluterthöhle** ist schon lange ein riesiger Schatz versteckt.

Lösungen von den vorherigen Seiten: Höllenschlucht und Tarzanseil

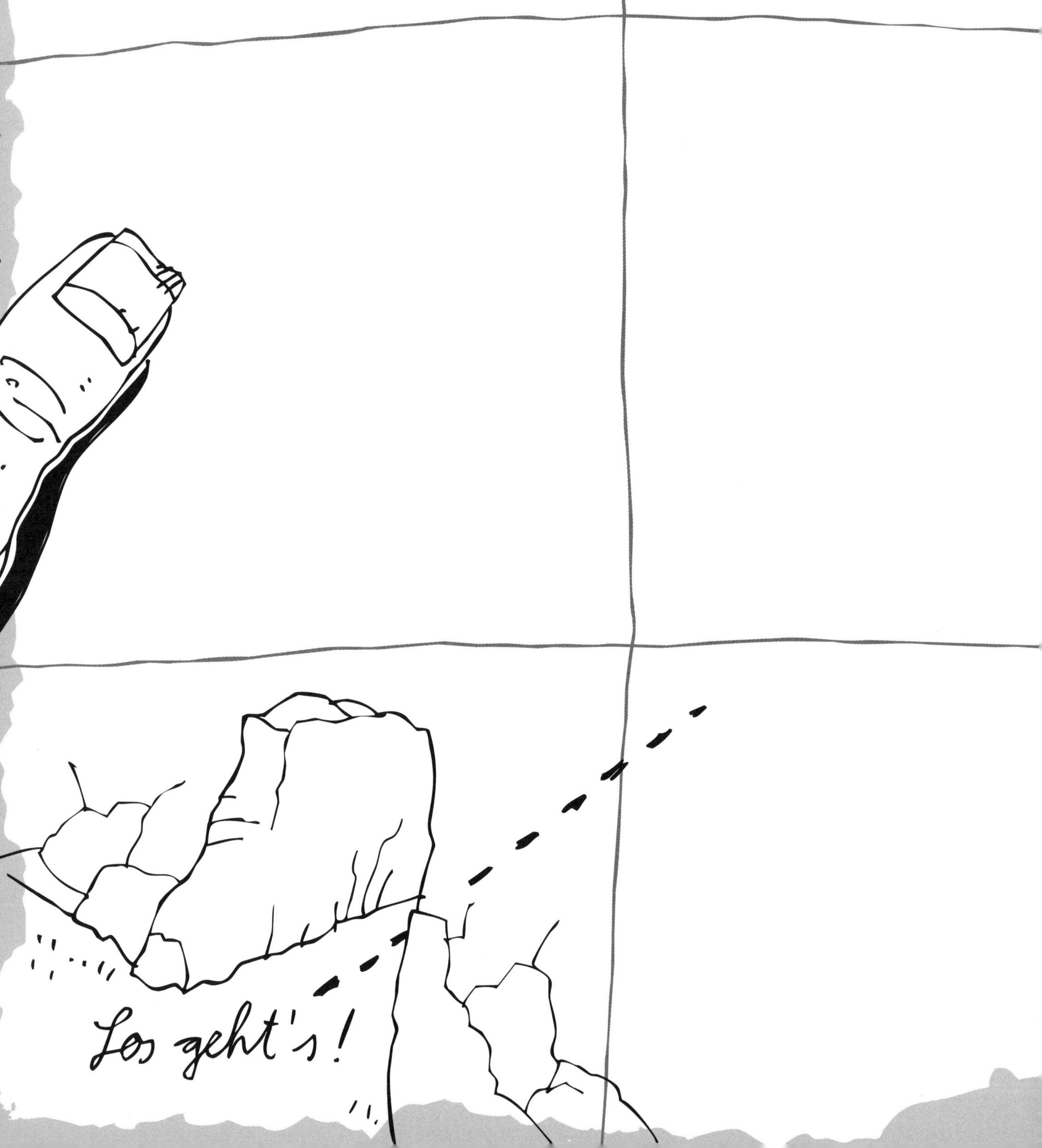

Doch wo? Dafür braucht man erst mal eine richtige Schatzkarte, oder?

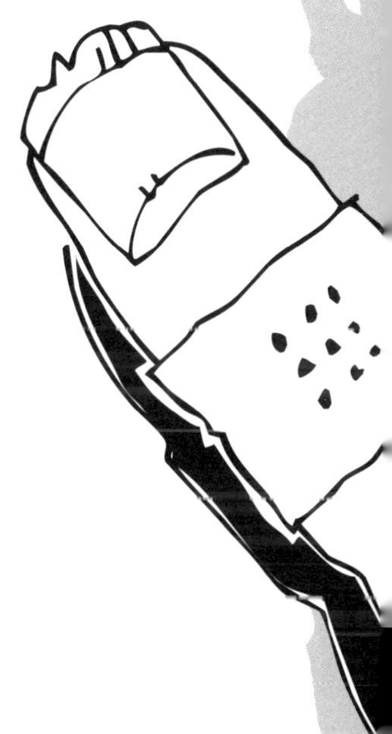

Eine Schatzsuche – welches Kinderherz schlägt da nicht höher? Und das in einer Höhle mit 300 Gängen! Unterirdische Seen und Bäche liegen auf dem Weg, Fledermäuse schwirren in der Luft ... Gesucht wird hier der Schatz, den der kinderliebe König Kluti seinem Sohn hinterlassen hat. Spannender geht es nicht! Möglich macht diese Abenteuertour die Kluterthöhle in Ennepetal. Sie ist mehrere Millionen Jahre alt und eine der größten Natur- und Schauhöhlen Deutschlands.

Über dem Bergbaumuseum thront der 71,5 Meter hohe Doppelstreben-Förderturm. Auf 60 Metern Höhe kann man auf einer Aussichtsplattform die Stadt überblicken.

Was die Bergleute unter Tage so den ganzen Tag machen, erlebst

Die Arbeitswelt der Bergleute war schmutzig und sehr laut. Erst in den letzten Jahrzehnten des Bergbaus wurden zum Schutz Kopfhörer getragen.

Im Museum steht mit der Grubenlokomotive V 48-Blumenthal die größte Grubenlok der Welt.

Die abgebaute Kohle wurde in Kohlenwagen, die Lore oder Hunt genannt wurden, weitertransportiert.

Durch den senkrechten Schacht ging es in die Stollen, wo die Kohle abgebaut wurde.

du im **Bergbau-Museum Bochum.** Wäre das ein Beruf für dich?

Früher war das Ruhrgebiet eine der bedeutendsten Kohleregionen in Europa. An diese Zeit erinnert das Deutsche Bergbau-Museum in Bochum. Es ist das weltgrößte Fachmuseum zum Thema Bergbau und zeigt neben dem technischen Gerät und Fördermaschinen auch zahlreiche Alltagsgegenstände aus der Lebenswelt der Bergleute. Einer der Höhepunkte des Museumsangebotes ist die Einfahrt in das etwa 20 Meter tiefe Anschauungsbergwerk

Diese **Dinge** brauchen die Bergleute für die Arbeit in den Stollen. Aber wozu?

Ganz schön schwierig? Dann lass dir von deinen Eltern oder Großeltern helfen.

Der Doppelwalzen-
lader wurde eingesetzt,
um...................................
....
....
....

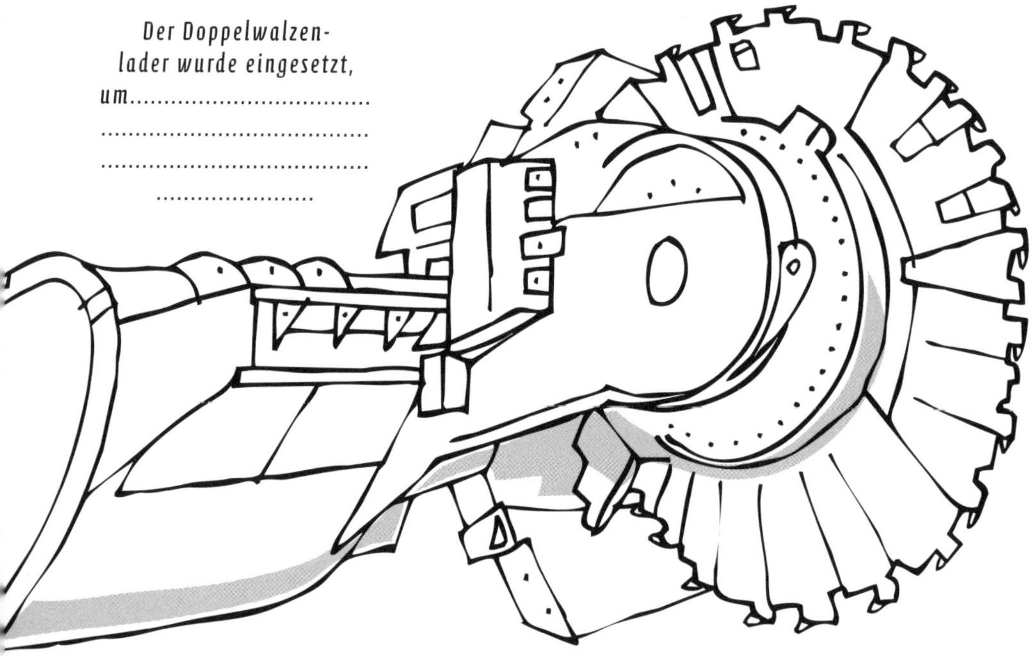

Der Abbauhammer
diente dem Bergmann
zum.................................
....
....
....

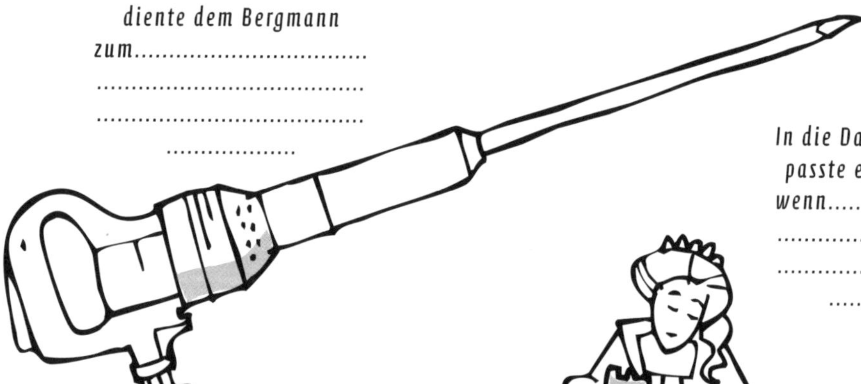

In die Dahlbuschbombe
passte ein Bergmann,
wenn..........................
....
....
....

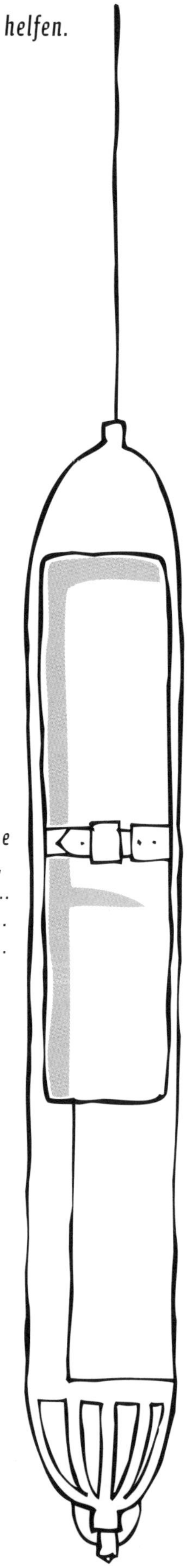

Die Heilige Barbara
wurde von den Bergleuten
verehrt als.....................
....
....
....

„Zu schwerem Werk wir fahren
hinab den dunklen Schacht.
Du mögest uns bewahren
in tiefer Bergesnacht.“

Guck mal, das sind bekannte Typen von **Fördergerüsten.**

Kennst du noch andere und wo stehen die?
Kannst du die vielleicht sogar zeichnen?

Strebengerüst
Zeche Zollern
Dortmund

Förderturm
Zeche Prosper II
Bottrop

Sonderform
Zeche Gneisenau
Dortmund

Doppelbockgerüst
Zeche Zollverein
Essen

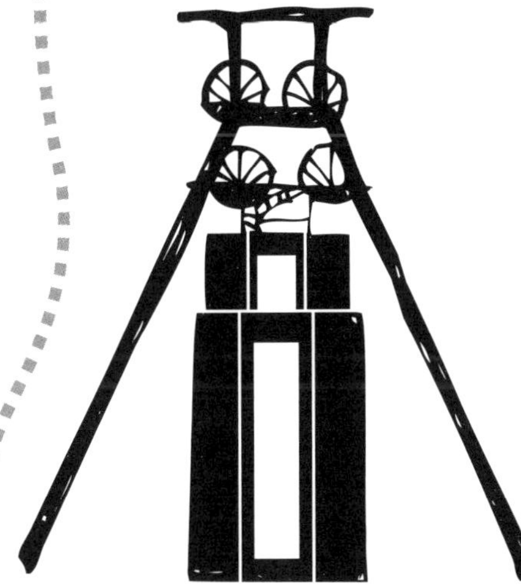

Hier?

Fördertürme und -gerüste waren und sind die weithin sichtbaren Wahrzeichen des Bergbaus im Ruhrgebiet. Sie stehen über Schachtöffnungen von Bergwerken und dienten früher dazu, die unterirdisch abgebaute Kohle an die Erdoberfläche zu bringen. Es gab viele verschiedene Konstruktionen. Die meisten Fördertürme wurden abgerissen, einige jedoch sind erhalten geblieben. Sie sind heute beliebte und gern besuchte Denkmale.

Wenn du die **Fördertürme** aber lieber fotografieren möchtest – mach´ von

Das ist die Zeche ....
....
....

Das ist die Zeche ....
....
....

Das ist die Zeche ....
....
....

Das ist die Zeche ....
....
....

den schönsten ein paar gute Fotos und klebe sie dann in die Rahmen.

Das ist die Zeche ....

....

....

Mist, den Turm hab ich da nicht ganz drauf

Das ist die Zeche Erin in Castrop-Rauxel. Nachts ist der beleuchtet!

Das ist die Zeche ....

....

....

Das ist die Zeche ....

....

....

Was gehört alles zu einer Zeche?

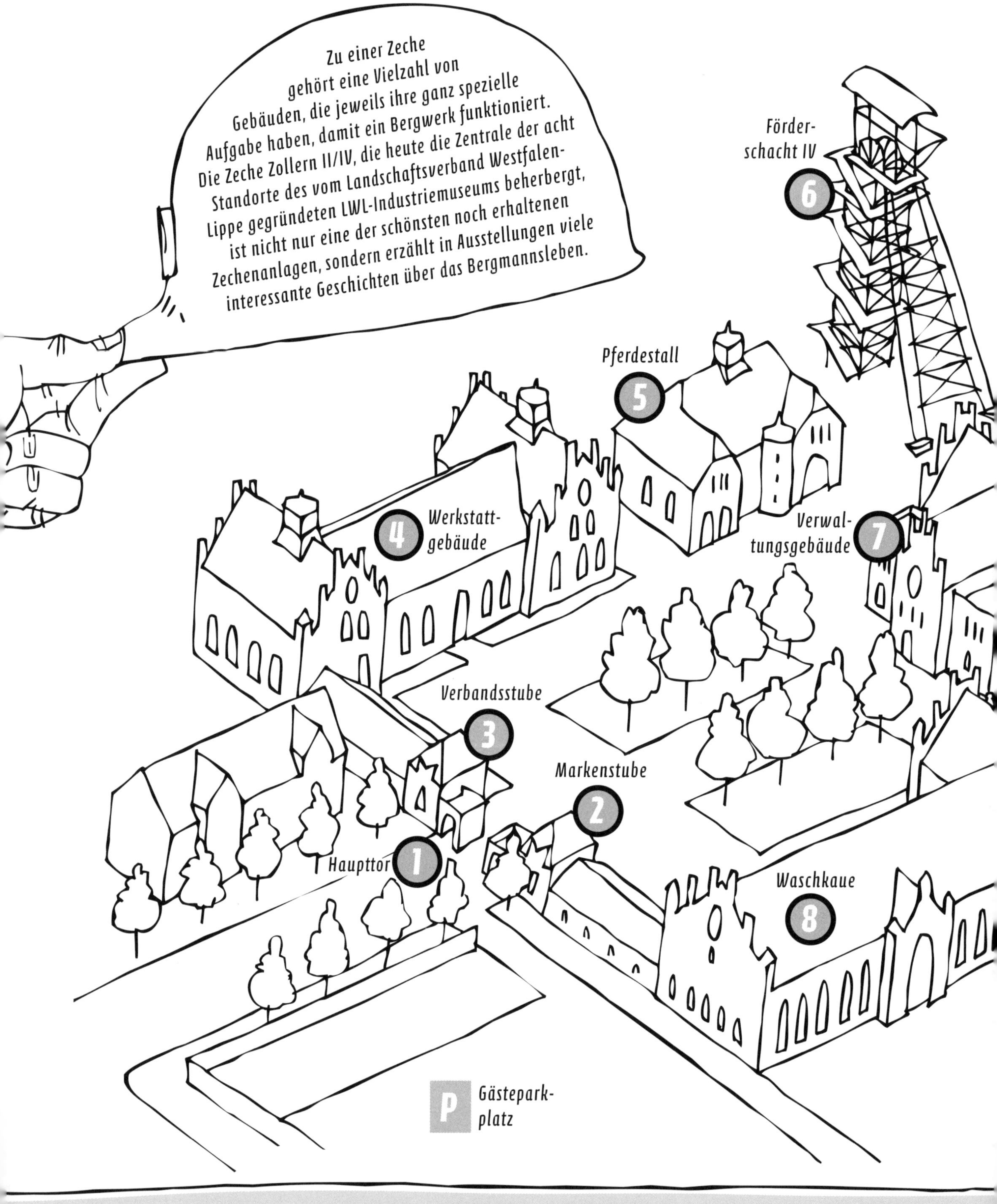

1 Durch das Haupttor kamen alle Arbeiter jeden Morgen zur Schicht.

2 In der Markenstube gaben die Bergleute ihre Marke ab, bevor sie in die Zeche einfuhren.

3 In der Verbandsstube wurden Arbeiter, die sich verletzt hatten, verarztet.

4 In den Werkstätten wurden Reparaturarbeiten für den laufenden Zechenbetrieb erledigt.

5 Im Pferdestall waren die im Bergbau verwendeten Grubenpferde untergebracht.

6 Der Förderschacht IV versorgte die Stollen mit frischer Luft.

7 Die Zechenverwaltung war u.a. für Buchhaltung, Maschinentechnik und Vermessung verantwortlich.

Überlege, was in den Gebäuden passiert, wie z.B. hier in der **Zeche Zollern.**

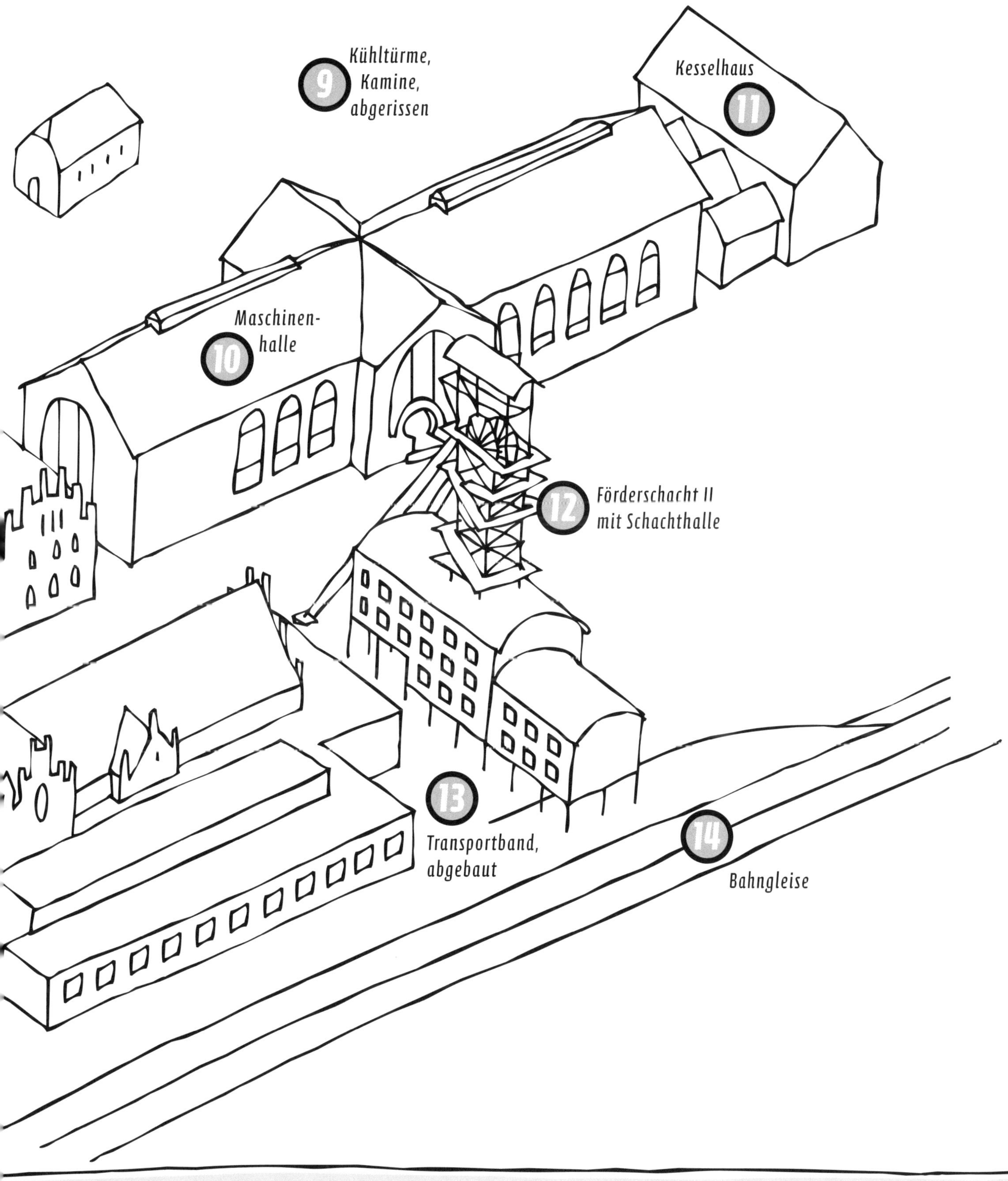

8 Die Umkleide- und Waschräume für die Bergleute waren in der Waschkaue.

9 Das im Kraftwerksbetrieb erwärmte Wasser wird im Kühlturm gekühlt.

10 In der Maschinenhalle arbeitete die erste elektrisch betriebene Fördermaschine der Welt.

11 Das Kesselhaus war das „Energiezentrum“ und versorgte die Schachtanlagen mit Druckluft.

12 Die Kohle wurde in der Schachthalle zu Tage gefördert und erfuhr ihre erste Aufbereitung.

13 An den Transportbändern wurden Kohle und Gestein von Hand getrennt.

14 Über die Bahngleise wurde die Kohle zur Weiterverarbeitung transportiert.

Was ist eigentlich der „Weg des Eisens“? Hier kannst du ihn verfolgen.

In den Hochofen werden über Förderbänder Eisenerz und Koks gefüllt. Der Koks ist einerseits Brennstoff, andererseits das Mittel, um Eisenerz in Eisen zu verwandeln.

Eisenerz und Koks

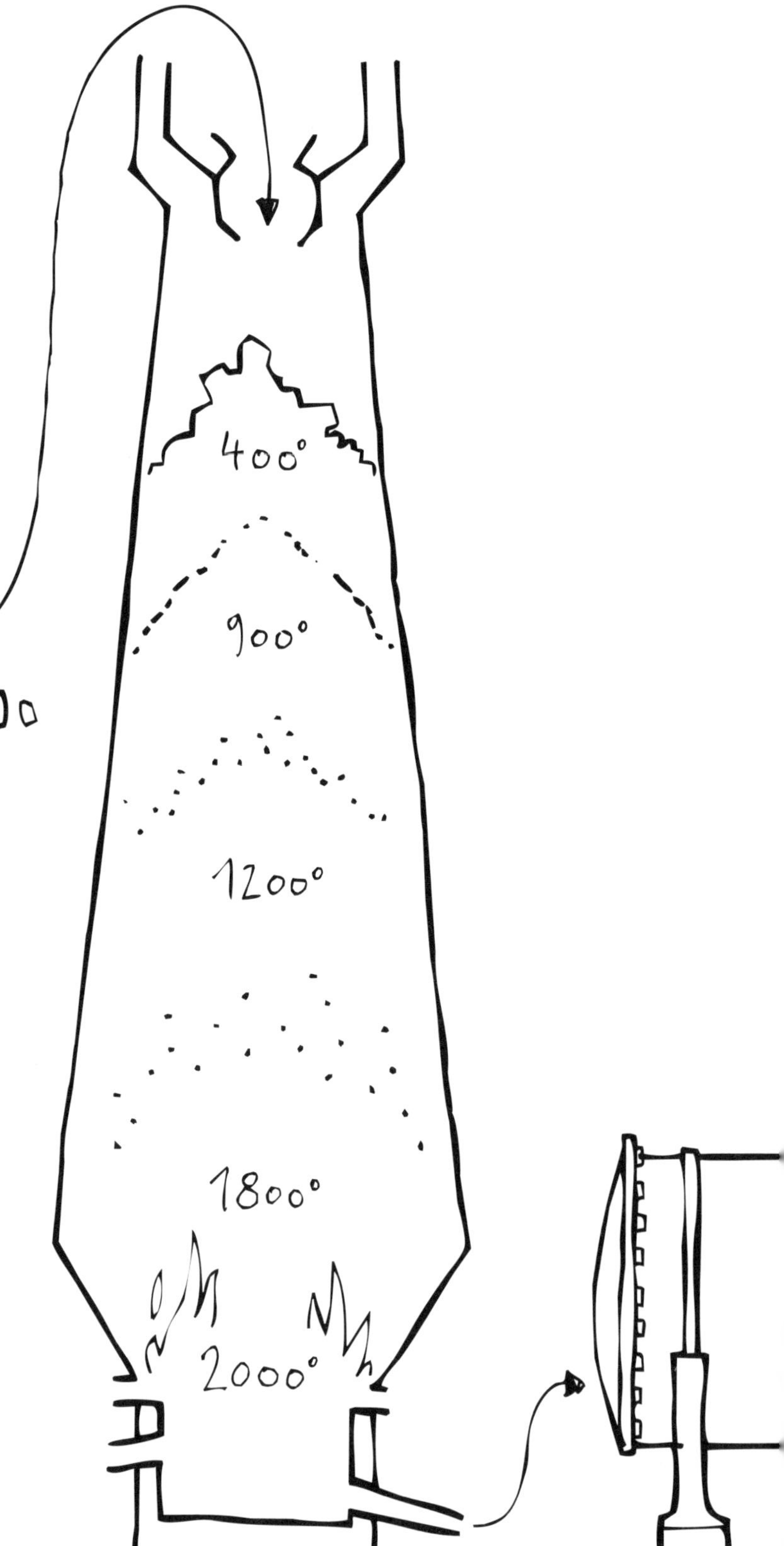

Hochofen

Im Hochofen wird das Eisenerz geschmolzen und auf diese Weise Roheisen gewonnen.

Die Henrichshütte ist eines der traditionsreichsten Hüttenwerke des Reviers – und der Hochofen 3 der älteste im Ruhrgebiet. Hier wurden Eisen und Stahl nicht nur produziert, sondern auch gegossen, geschmiedet, gewalzt, bearbeitet und montiert. Zeitweise arbeiteten bis zu 10.000 Menschen in den Betrieben. Das Museum erzählt dir, wie schwer die Arbeit am Hochofen war. Bei einer Führung erfährst du, was mit dem Eisen passierte und in einem Workshop kannst du selbst mit Eisen arbeiten.

Oder du schaust dir alles im Original an im **LWL-Industriemuseum Henrichshütte.**

Formen, Schmelzen, Gießen, Putzen –
im LWL-Industriemuseum Henrichshütte
Hattingen kannst du bei einer
Schaugießerei nicht nur dabei sein,
sondern auch mitmachen.
Und danach ein schönes Gussstück mit
nach Hause nehmen.

z.B. Glocken oder Schiffsschrauben

Wenn das Eisen in den Gussformen erkaltet, ist das Produkt fertig. Dies können auch Werkzeuge, Turbinen oder Gehäuse sein.

Roheisenmischer

Vom Hochofen wird das flüssige Eisen in den Roheisenmischer gefüllt. Er kann zwischen 500 und 2000 Tonnen Roheisen aufnehmen und sorgt dafür, das Roheisen flüssig zu halten und verschiedene Produktionsmengen miteinander zu einer einheitlichen Masse zu vermischen.

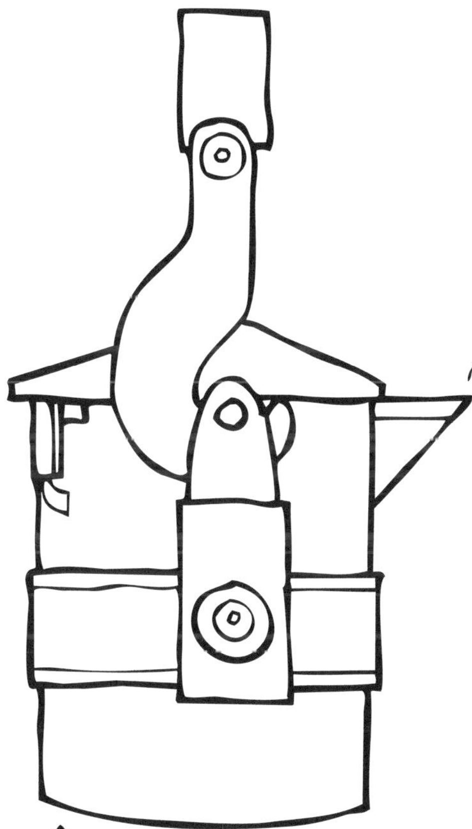

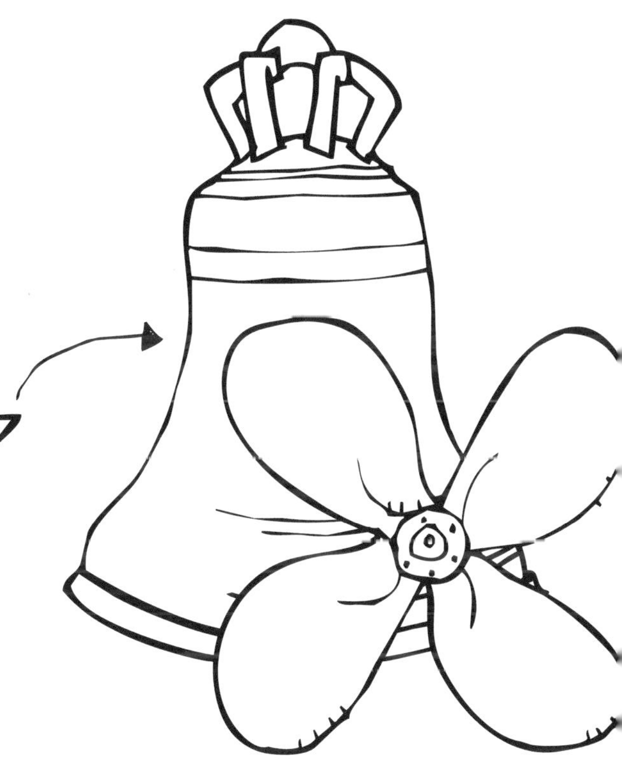

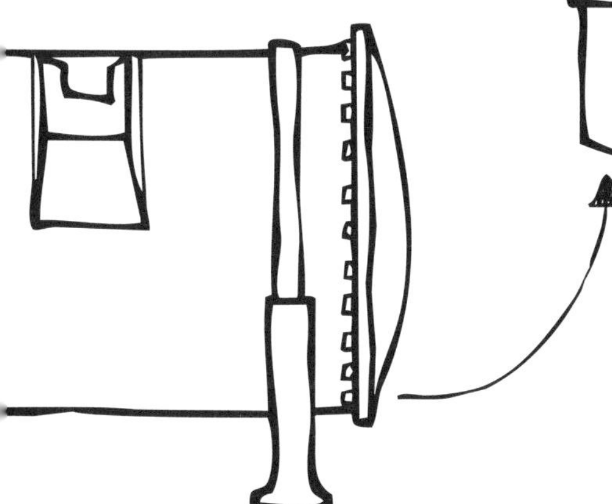

Gießpfanne

Das flüssige Eisen gelangt in die Gießpfanne und wird von dieser durch die Gießschnauze in verschiedene Gussformen geleitet.

So sieht der Hochofen
der Henrichshütte heute aus.

Im **Duisburger Zoo** gibt es auch einen Streichelzoo mit Tieren zum Anfassen.

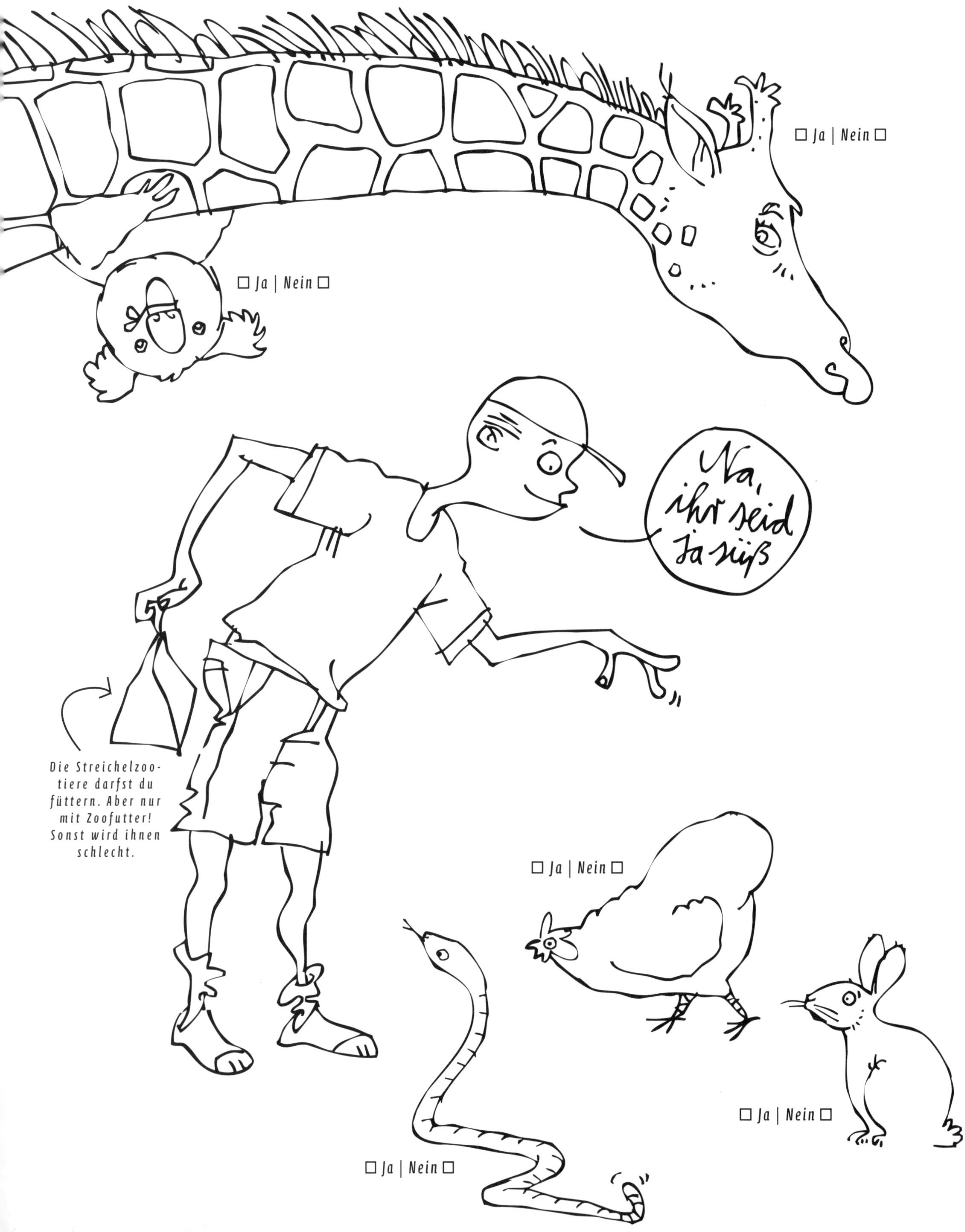

Aber welche von diesen Tieren solltest du besser nicht anfingern?

Und wenn du schon im Zoo gewesen bist, dann weißt du bestimmt noch ein paar „wilde" Tiere mehr, die deine Streichelfinger glatt fressen würden. Schreib hier noch welche auf:

1 ______________________________

2 ______________________________

3 ______________________________

4 ______________________________

☐ Ja | Nein ☐

☐ Ja | Nein ☐

☐ Ja | Nein ☐

☐ Ja | Nein ☐

☐ Ja | Nein ☐

Der Duisburger Zoo ist nicht nur einer der beliebtesten, sondern auch einer der größten Tierparks in Deutschland. Fast 3.200 Tiere in 266 Arten warten hier auf deinen Besuch, ob Erdmännchen, Nasenbär und Vielfraß oder Sibirische Tiger, Fossas aus Madagaskar und sogar Koalas aus Australien. Auf keinen Fall darfst du aber die Delfinvorführung versäumen. Die klugen Meeressäuger zeigen, wie hoch sie springen können und vieles mehr.

Im Naturkundemuseum gibt´s viel zu sehen: auch einen T-Rex in Originalgröße.

Und um ein bisschen Angst zu kriegen: Hier ein paar Zähne aus seinem Maul!

Auch in Originalgröße!

Im Museum für Naturkunde in Dortmund fühlen sich auch Erwachsene klein. Zum einen, weil die Dauerausstellung Jahrmillionen alte Fossilien, farbenprächtige Kristalle und Minerale präsentiert und dem Besucher klar wird, dass der Mensch und seine Geschichte nur einen winzigen Teil der Erdgeschichte ausmachen. Zum anderen deshalb, weil man im Lichthof zwei lebensgroßen Dinosauriern gegenübersteht. Ein beeindruckendes Erlebnis!

Zeichne mal einen Zahn von dir daneben, um zu vergleichen. Egal, ob Backenzahn oder Eckzahn.

Ist das hier´n Schrottplatz? Nee: Auf den stillgelegten Zechengeländen

Die Tigerschnecke wird bis zu 13 Zentimeter lang und ist nur nachts aktiv.

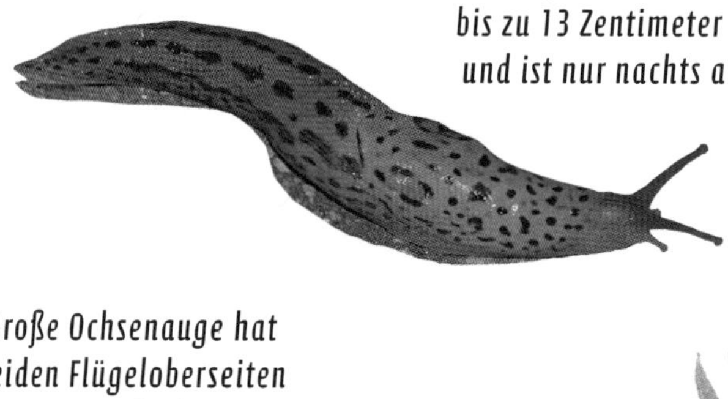

Der Scharfe Mauerpfeffer liebt trocken-sonnige Plätze und hat leuchtend goldgelbe Blütenblätter.

Das Große Ochsenauge hat auf beiden Flügeloberseiten einen Augenfleck. Zu beobachten ist er von Juni bis September.

Vom rot, rosa oder weiß blühenden Weidenröschen gibt es weltweit 190 Arten.

gibt es viele seltene Tier- und Pflanzenarten. Finde möglichst viele.

Die Bachstelze gehört zu den Singvögeln und überwintert meist im Süden.

Der Feldhase gehört zu den größten Hasenarten Europas und kann bis zu zwei Meter hoch springen.

Die Nachtkerze kommt ursprünglich aus Nordamerika und mag gerne trockene und sonnige Standorte.

Es hat nicht lange gedauert, da hat sich die die Natur auf den alten Industrieflächen des Ruhrgebiets Stück für Stück ihren Lebensraum zurückerobert. Und damit nicht genug: Auf den durch industrielle Ablagerungen nährstoffarmen und trockenen Böden, die denen von Wüsten- und Steppenregionen ähneln, sind Lebensräume für besondere Mischungen aus Tieren und Pflanzen entstanden, die sogar Fachleute in Staunen versetzen, darunter seltene, zum Teil sogar vom Aussterben bedrohte Arten.

Natürlich gibt´s im Ruhrgebiet auch Bauernhöfe! Auf manchen kannst du

das Leben als Bauer mit vielen Tieren ausprobieren.

Was würdest du gerne machen, wenn du ein Bauer wärst?
Leg´ los, die Seite gehört dir!

Viele Bauernhöfe im Ruhrgebiet produzieren heute nicht nur landwirtschaftliche Produkte, sondern bieten gerade Kindern tolle Erlebnisse. Auf dem Ziegenmichelhof in Gelsenkirchen kannst du zum Beispiel viel über die hier lebenden Tiere erfahren. Oder du kletterst auf einen hohen Strohberg. In verschiedenen Themenbereichen lernst du Feuermachen wie in der Steinzeit, spielst Ritter oder backst Brot wie die Wikinger.

Was im Ruhrgebiet so alles auf den Teller kommt!

Weißt du, was für Gerichte sich hinter den lustigen Namen verbergen?
Schreib´s dazu und ob du sie schon mal gegessen hast, bitte.

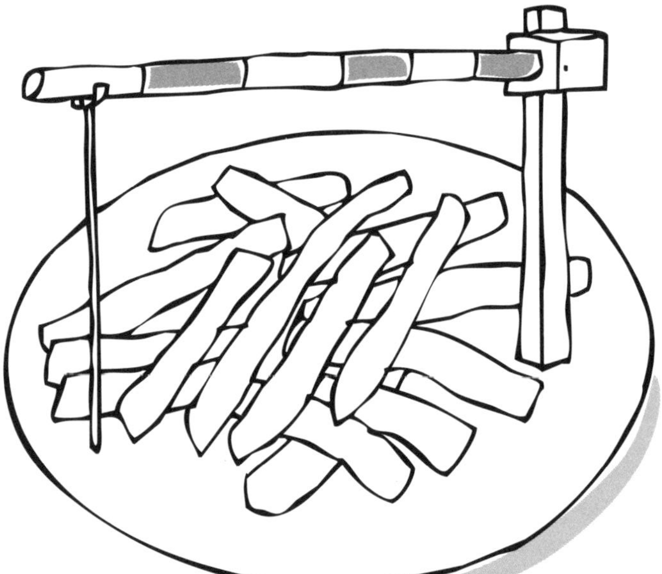

Spezialität Nr. 1

Pommes Schranke

Spezialität Nr. 2

Falscher Hase

Spezialität Nr. 3

Armer Ritter

Einem Elefanten durch den Kopf laufen und dann Schmetterlinge zählen? Im **Maximilianpark!**

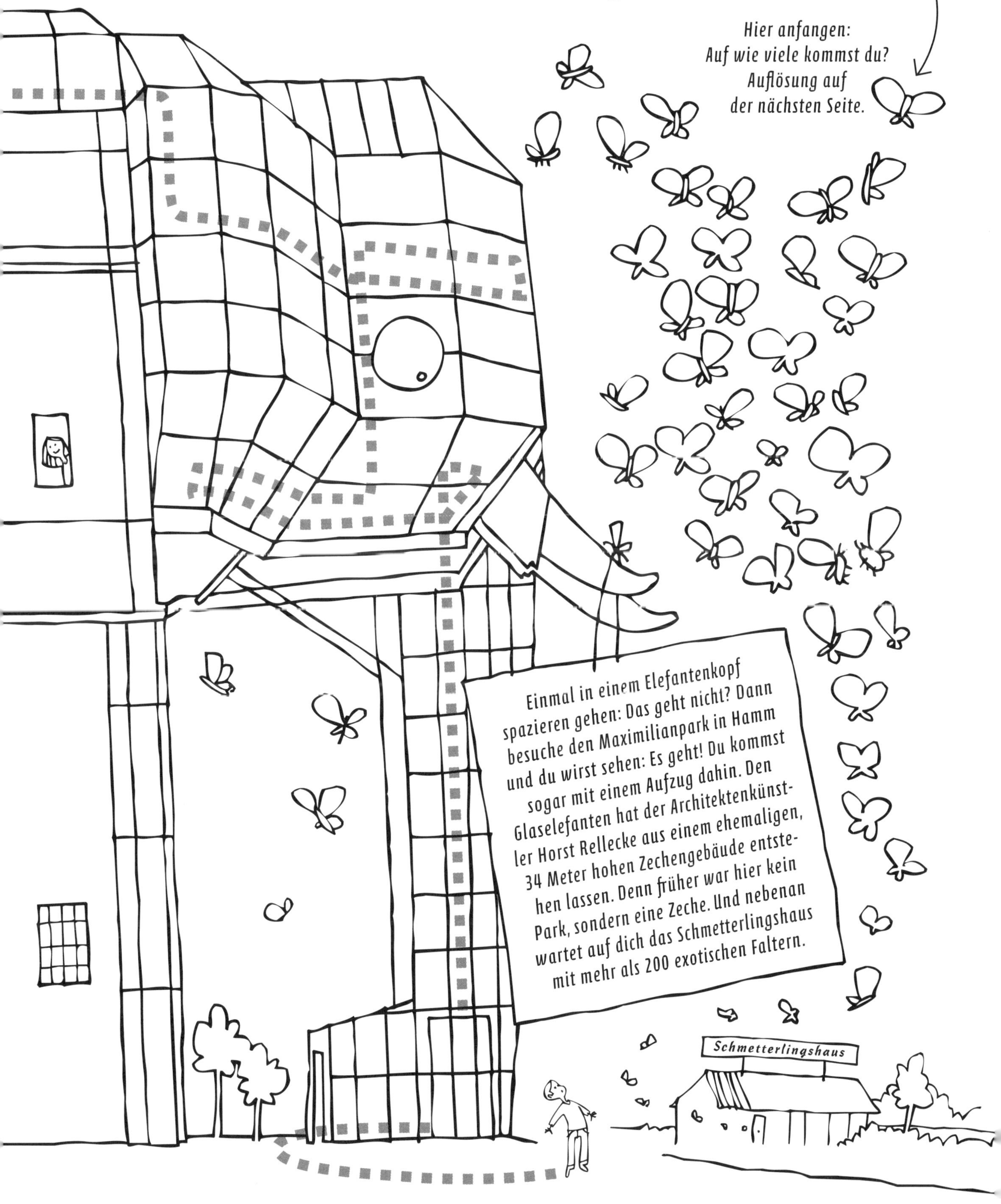

Einmal in einem Elefantenkopf spazieren gehen: Das geht nicht? Dann besuche den Maximilianpark in Hamm und du wirst sehen: Es geht! Du kommst sogar mit einem Aufzug dahin. Den Glaselefanten hat der Architektenkünstler Horst Rellecke aus einem ehemaligen, 34 Meter hohen Zechengebäude entstehen lassen. Denn früher war hier kein Park, sondern eine Zeche. Und nebenan wartet auf dich das Schmetterlingshaus mit mehr als 200 exotischen Faltern.

Wenn du aus dem tollen Park der **Villa Hügel** raus gefunden hast,

Lösung von der voherigen Seite: 53 Schmetterlinge

kannst du dir zur Belohnung am Anleger vom Baldeneysee ein fettes Eis holen.

Im riesigen **Gasometer** in Oberhausen ist seit 1988 kein Gas mehr drin.

Kannst du dir vorstellen, dass eine rostige Tonne zum Wahrzeichen einer Stadt wird? In Oberhausen ist das so. Zugegeben, der Gasometer ist eine gewaltig große Tonne, genau 117,5 Meter hoch, und wenn du die Plattform auf dem Dach erreichen willst, musst du die 592 Stufen des angebauten Treppenturmes erklimmen (einen Fahrstuhl gibt es aber auch). Und was passiert in der Tonne? Es finden ganz ungewöhnliche, spannende Ausstellungen statt, die auch viele Menschen von weit her besuchen. Schau einfach mal rein!

Was könnte da rein nach deiner Meinung? Denk´ dir was Interessantes aus.

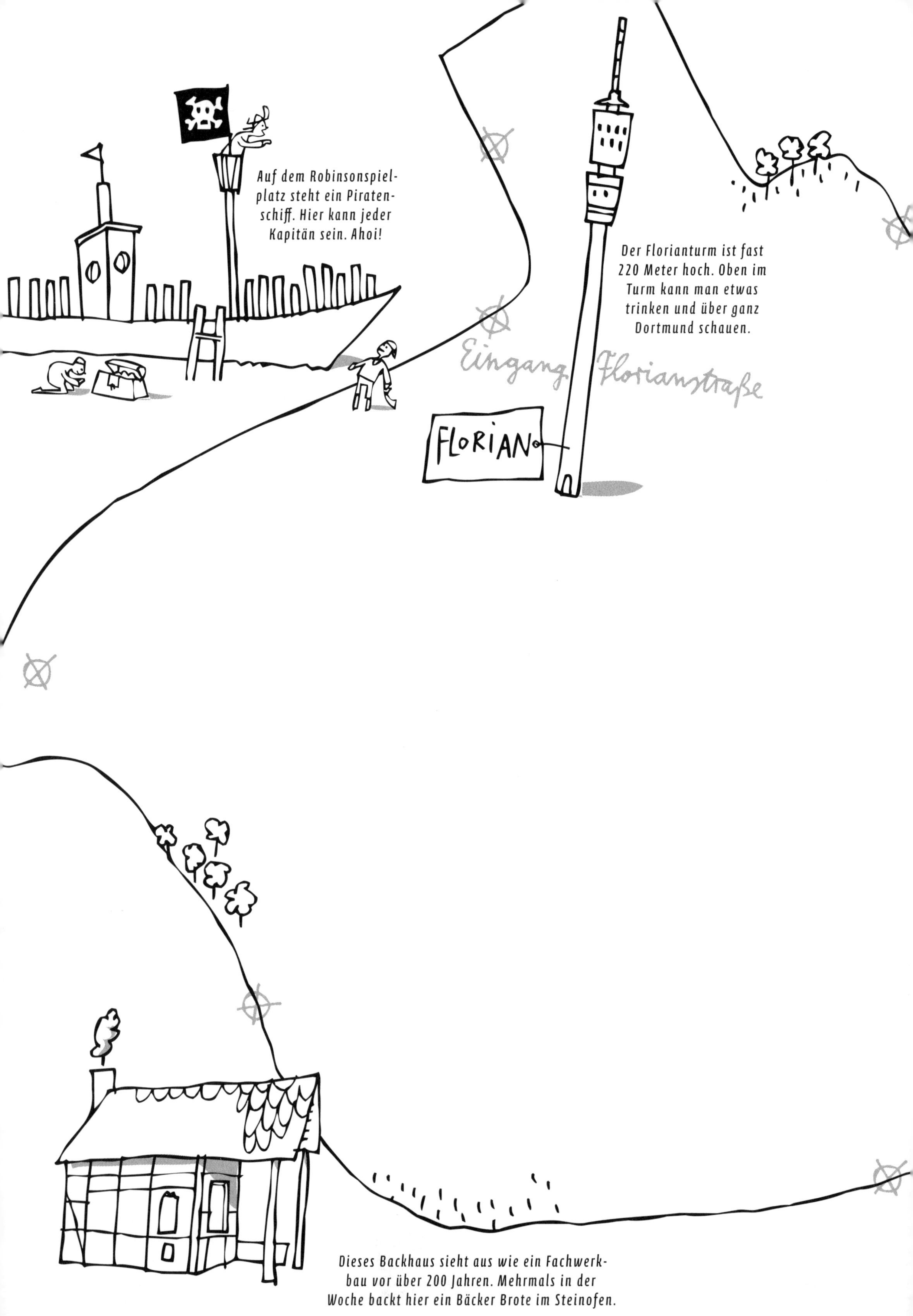

Auf dem Robinsonspielplatz steht ein Piratenschiff. Hier kann jeder Kapitän sein. Ahoi!

Der Florianturm ist fast 220 Meter hoch. Oben im Turm kann man etwas trinken und über ganz Dortmund schauen.

Dieses Backhaus sieht aus wie ein Fachwerkbau vor über 200 Jahren. Mehrmals in der Woche backt hier ein Bäcker Brote im Steinofen.

Der Westfalenpark sucht einen neuen Parkdirektor. Melde dich und du kannst Seen anlegen, Bäume pflanzen, Wege planen oder eine kleine Eisenbahn kaufen. An die Arbeit!

Oder sogar ein Piratenschiff? Oder doch besser eine Seilbahn? Hmmm …

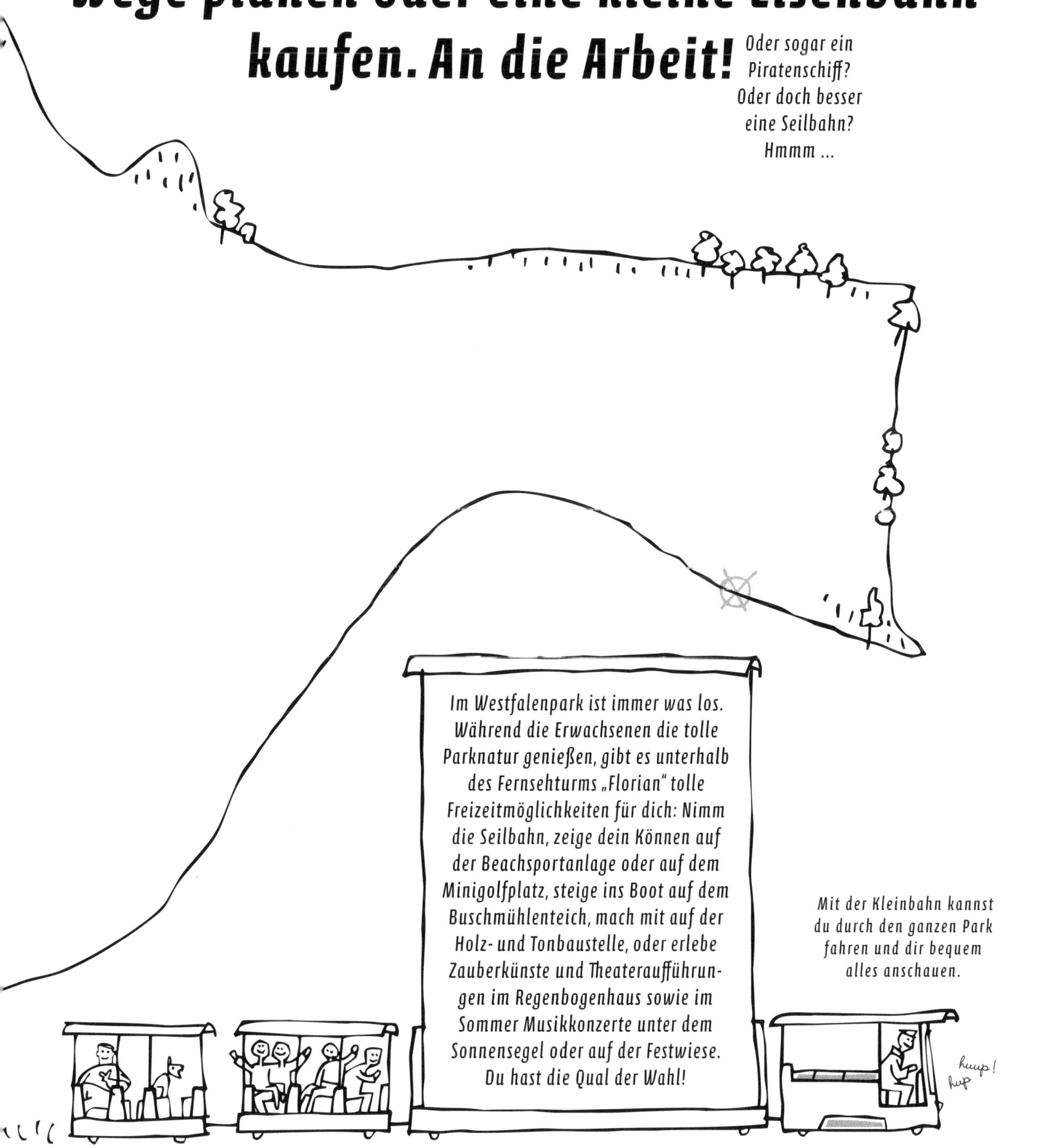

Im Westfalenpark ist immer was los. Während die Erwachsenen die tolle Parknatur genießen, gibt es unterhalb des Fernsehturms „Florian“ tolle Freizeitmöglichkeiten für dich: Nimm die Seilbahn, zeige dein Können auf der Beachsportanlage oder auf dem Minigolfplatz, steige ins Boot auf dem Buschmühlenteich, mach mit auf der Holz- und Tonbaustelle, oder erlebe Zauberkünste und Theateraufführungen im Regenbogenhaus sowie im Sommer Musikkonzerte unter dem Sonnensegel oder auf der Festwiese. Du hast die Qual der Wahl!

Mit der Kleinbahn kannst du durch den ganzen Park fahren und dir bequem alles anschauen.

Wer kann ein vollbeladenes ganzes Schiff heben? Ein Riese? Nee!

1 Grundgedanke: Gewaltiges Gewicht heben = gewaltige Kraft notwendig. Wie geht das ohne große Anstrengung? Mit Tauchkörpern voller Luft, die unter Wassser gedrückt werden. Und die nach oben steigen können! Wie Luftballons unter Wasser.

3 Das Schiff fährt in den Schiffstrog, aus dem viel Wasser rausgepumpt wird. Mehr Wasser, als das Schiff wiegt.

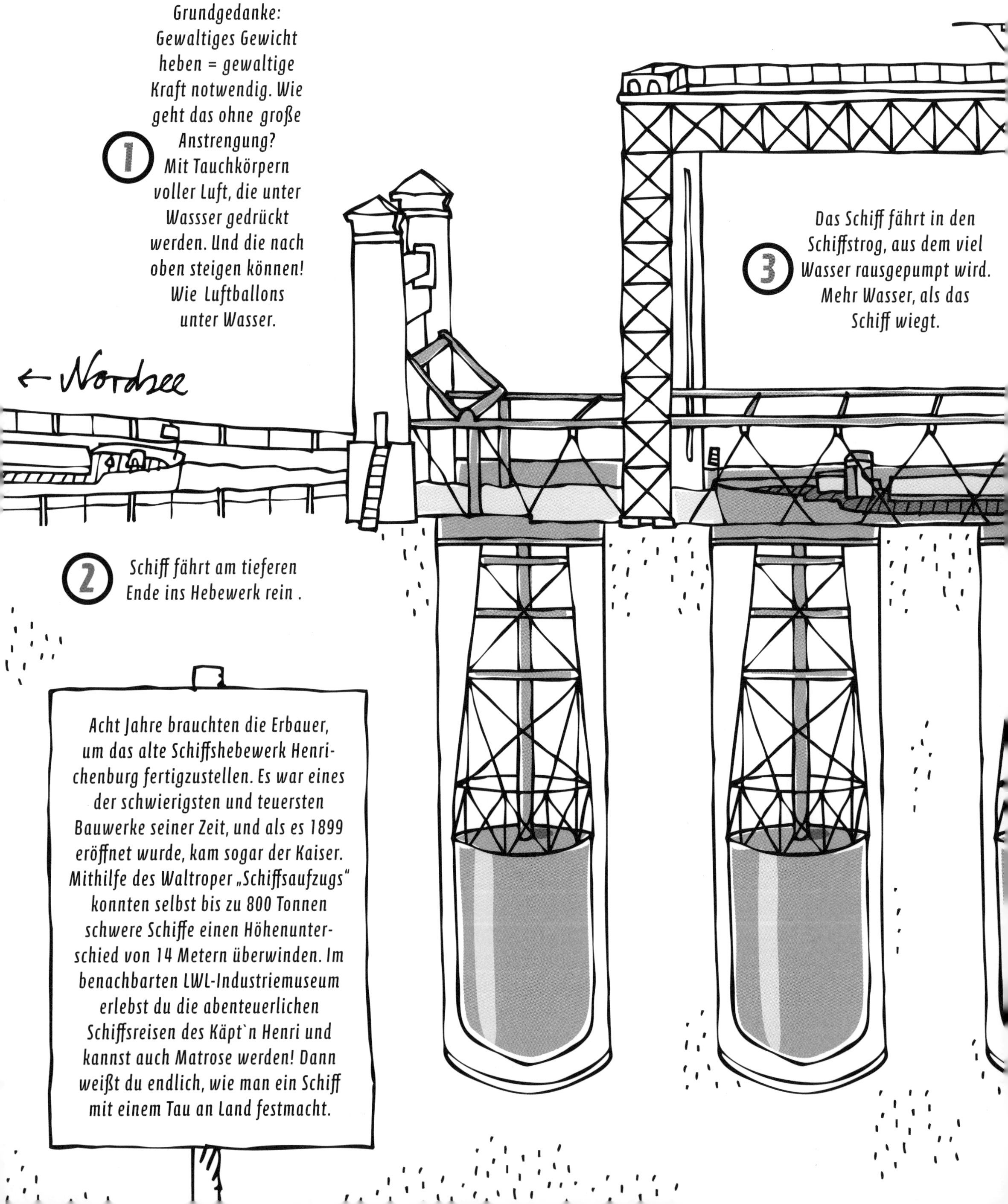

2 Schiff fährt am tieferen Ende ins Hebewerk rein .

Acht Jahre brauchten die Erbauer, um das alte Schiffshebewerk Henrichenburg fertigzustellen. Es war eines der schwierigsten und teuersten Bauwerke seiner Zeit, und als es 1899 eröffnet wurde, kam sogar der Kaiser. Mithilfe des Waltroper „Schiffsaufzugs" konnten selbst bis zu 800 Tonnen schwere Schiffe einen Höhenunterschied von 14 Metern überwinden. Im benachbarten LWL-Industriemuseum erlebst du die abenteuerlichen Schiffsreisen des Käpt`n Henri und kannst auch Matrose werden! Dann weißt du endlich, wie man ein Schiff mit einem Tau an Land festmacht.

Das Schiffshebewerk Henrichenburg! So funktioniert´s, guck mal.

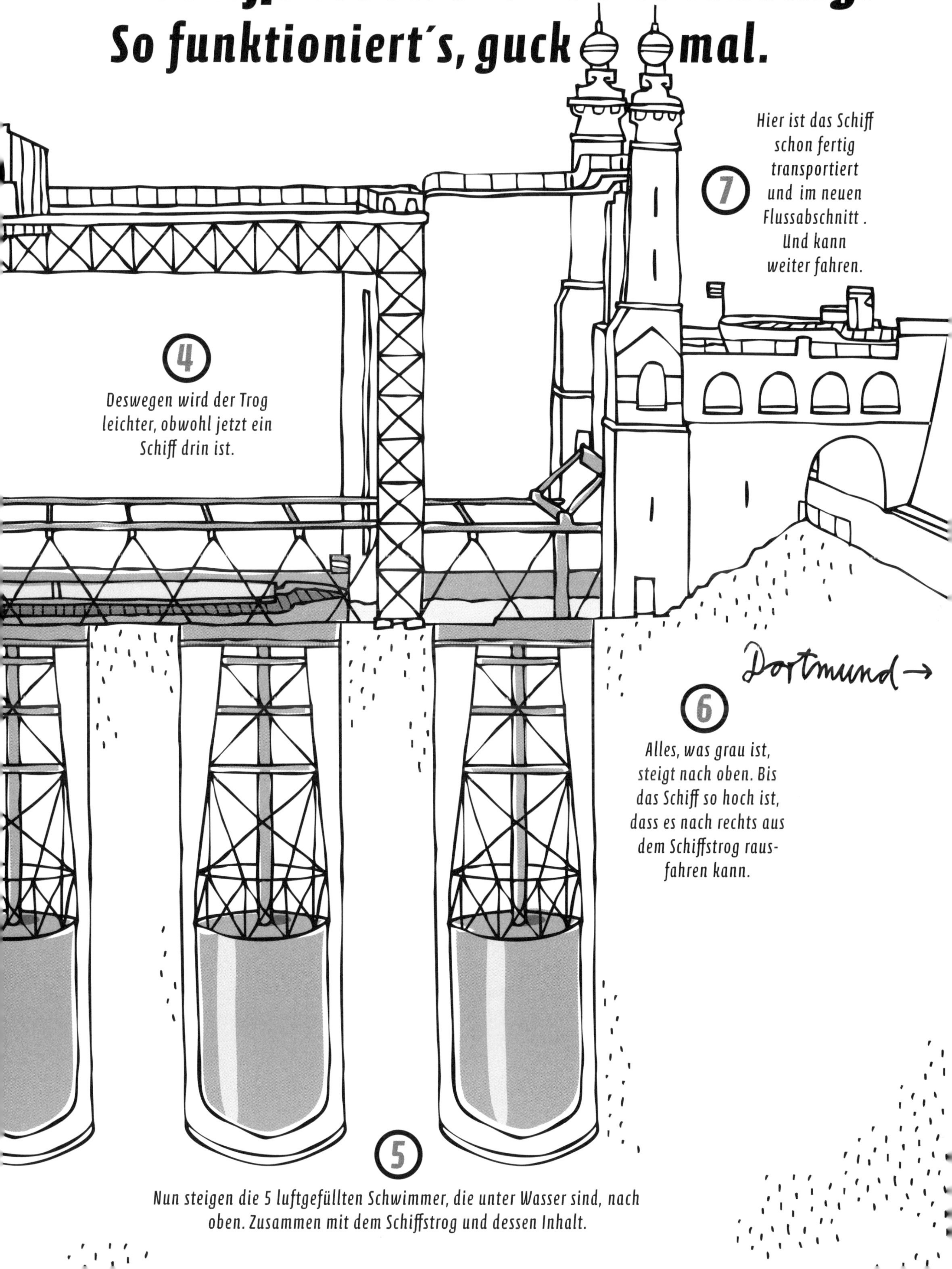

Wer viel arbeitet, muss sich auch mal erholen. Geht prima bei den vielen **Seen**,

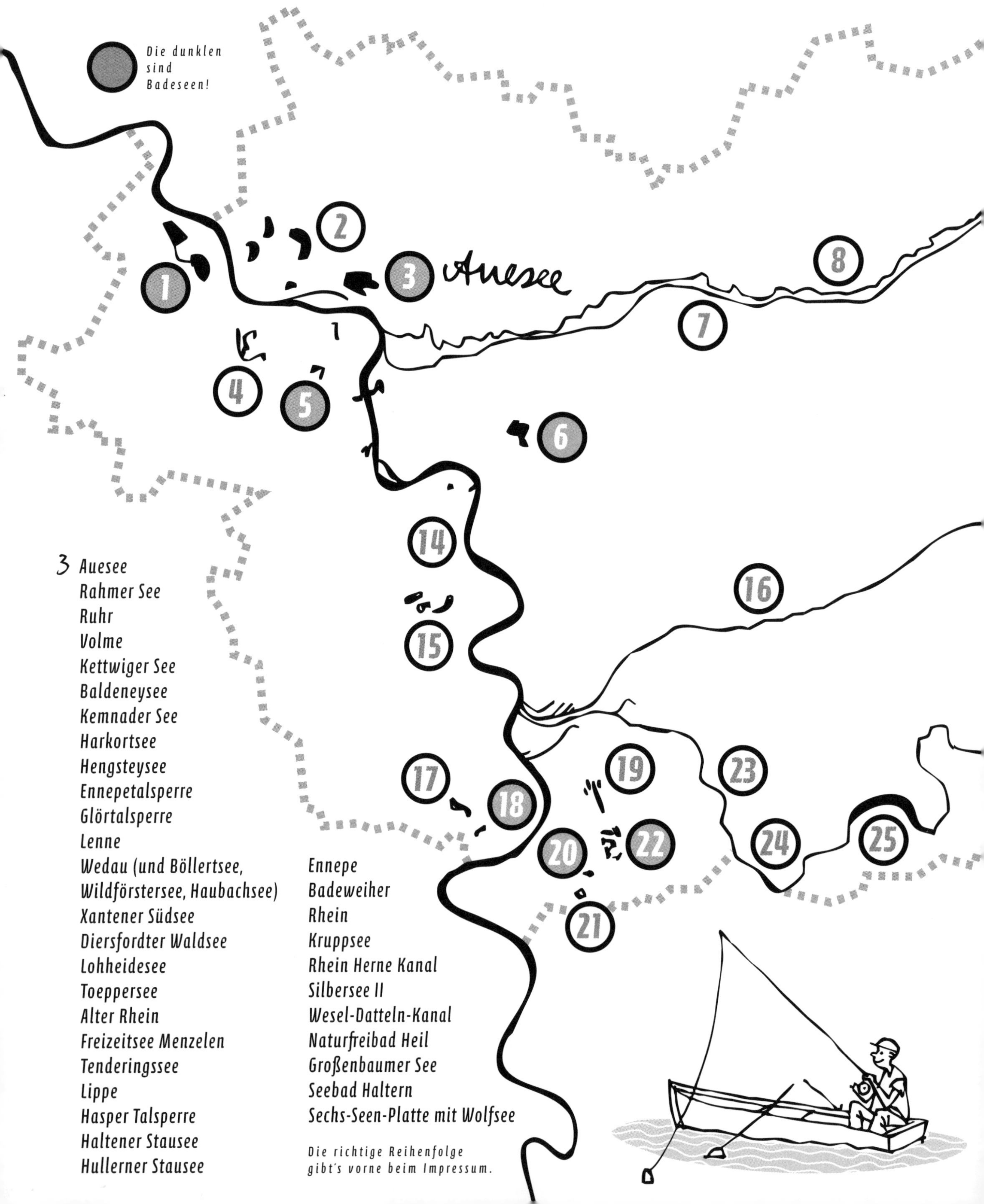

3 Auesee
Rahmer See
Ruhr
Volme
Kettwiger See
Baldeneysee
Kemnader See
Harkortsee
Hengsteysee
Ennepetalsperre
Glörtalsperre
Lenne
Wedau (und Böllertsee, Wildförstersee, Haubachsee)
Xantener Südsee
Diersfordter Waldsee
Lohheidesee
Toeppersee
Alter Rhein
Freizeitsee Menzelen
Tenderingssee
Lippe
Hasper Talsperre
Haltener Stausee
Hullerner Stausee
Ennepe
Badeweiher
Rhein
Kruppsee
Rhein Herne Kanal
Silbersee II
Wesel-Datteln-Kanal
Naturfreibad Heil
Großenbaumer See
Seebad Haltern
Sechs-Seen-Platte mit Wolfsee

Die richtige Reihenfolge gibt's vorne beim Impressum.

Kanälen und Flüssen hier. Schreib an die Zahlen die richtigen Gewässernamen dran.

Kannst ja in deinen Schulatlas gucken, wenn du was nicht so genau weißt.

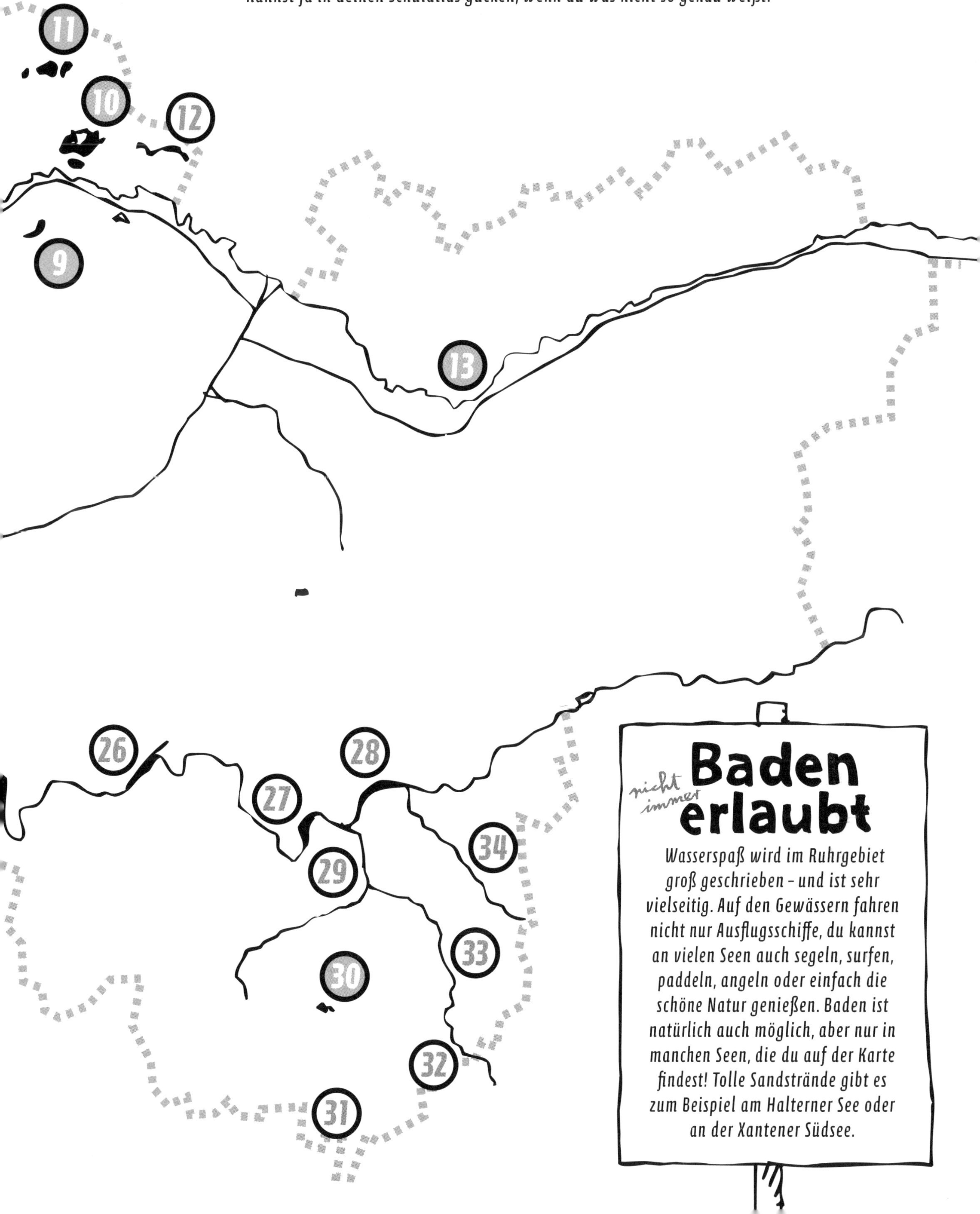

nicht immer Baden erlaubt

Wasserspaß wird im Ruhrgebiet groß geschrieben – und ist sehr vielseitig. Auf den Gewässern fahren nicht nur Ausflugsschiffe, du kannst an vielen Seen auch segeln, surfen, paddeln, angeln oder einfach die schöne Natur genießen. Baden ist natürlich auch möglich, aber nur in manchen Seen, die du auf der Karte findest! Tolle Sandstrände gibt es zum Beispiel am Halterner See oder an der Xantener Südsee.

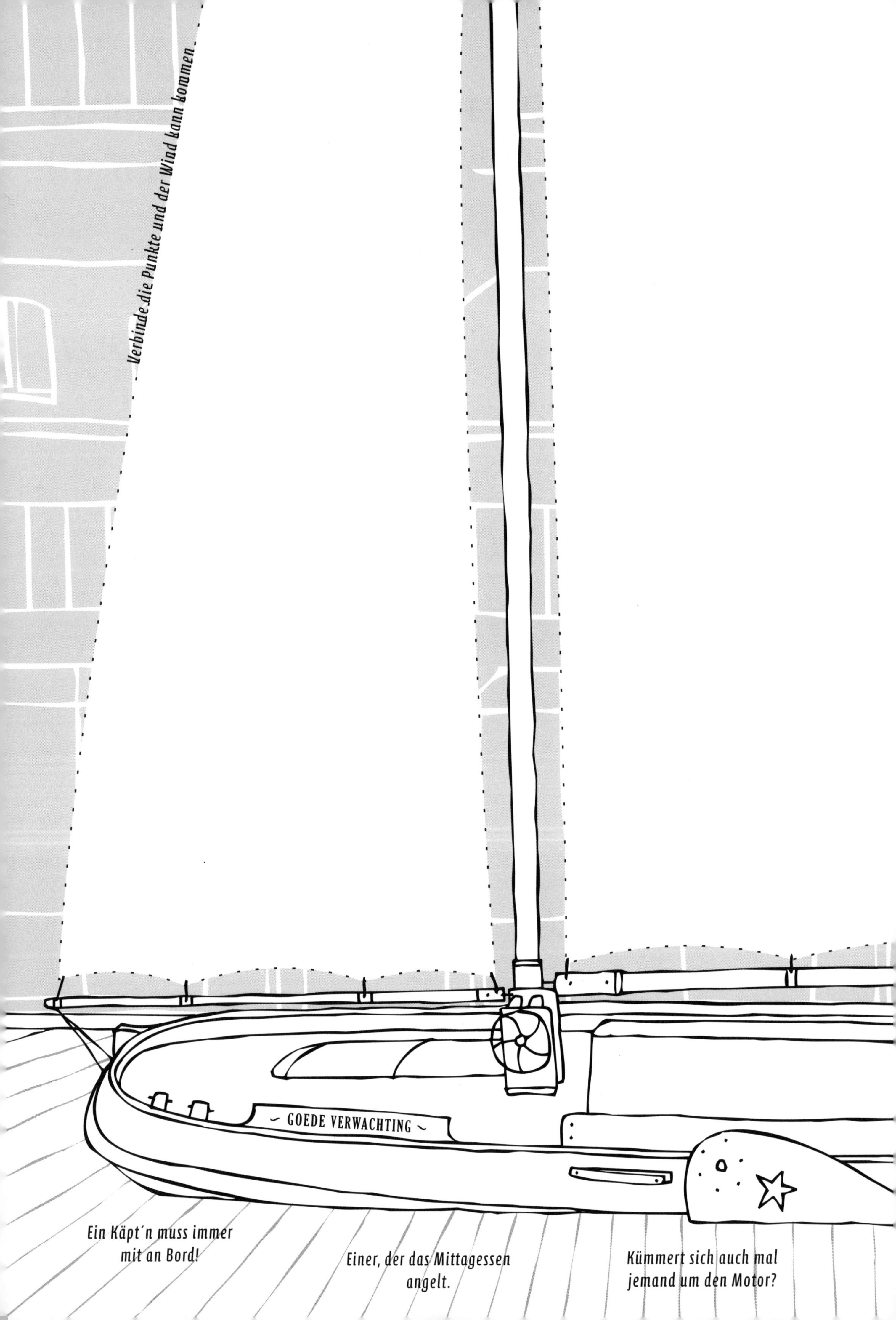
Verbinde die Punkte und der Wind kann kommen
~ GOEDE VERWACHTING ~
Ein Käpt´n muss immer mit an Bord!
Einer, der das Mittagessen angelt.
Kümmert sich auch mal jemand um den Motor?

Ein richtiges Segelschiff in einem Schwimmbad? Gibt´s nur hier: im **Museum der Deutschen Binnenschifffahrt**. Zeichne überall, wo Platz ist, Seemänner hin. Und dann: Segel setzen!

Mit einem Schiff bist du ja wahrscheinlich schon gefahren. In diesem Museum lernst du vieles über das Leben auf den Binnenschiffen, die als Frachtkähne nur auf Flüssen und Kanälen fuhren. In den ehemaligen Schwimmbecken kannst du gleich zwei Schiffe bewundern: Die „Goede Verwachting", was ungefähr „Gute Hoffnung" bedeutet, ist ein Segelschiff aus dem Jahr 1913, und auf dem begehbaren Frachtkahn „Hermann" kannst du sogar auf Deck stehen oder in die Kajüte klettern. Das Museum bietet Führungen für Kinder an. Es gibt auch ein Quiz zum Museum. Wenn du alle Fragen beantwortet hast, bekommst du ein Binnenschiffer-Diplom verliehen.

Der Duisburger Binnenhafen ist der größte im Land liegende Hafen von ganz Europa.

Da werden jeden Tag Container rein und raus gebracht: Was da wohl alles drin sein mag?

Schreib´s auf die Container drauf, was drin sein könnte.
Oder mal´s rein?

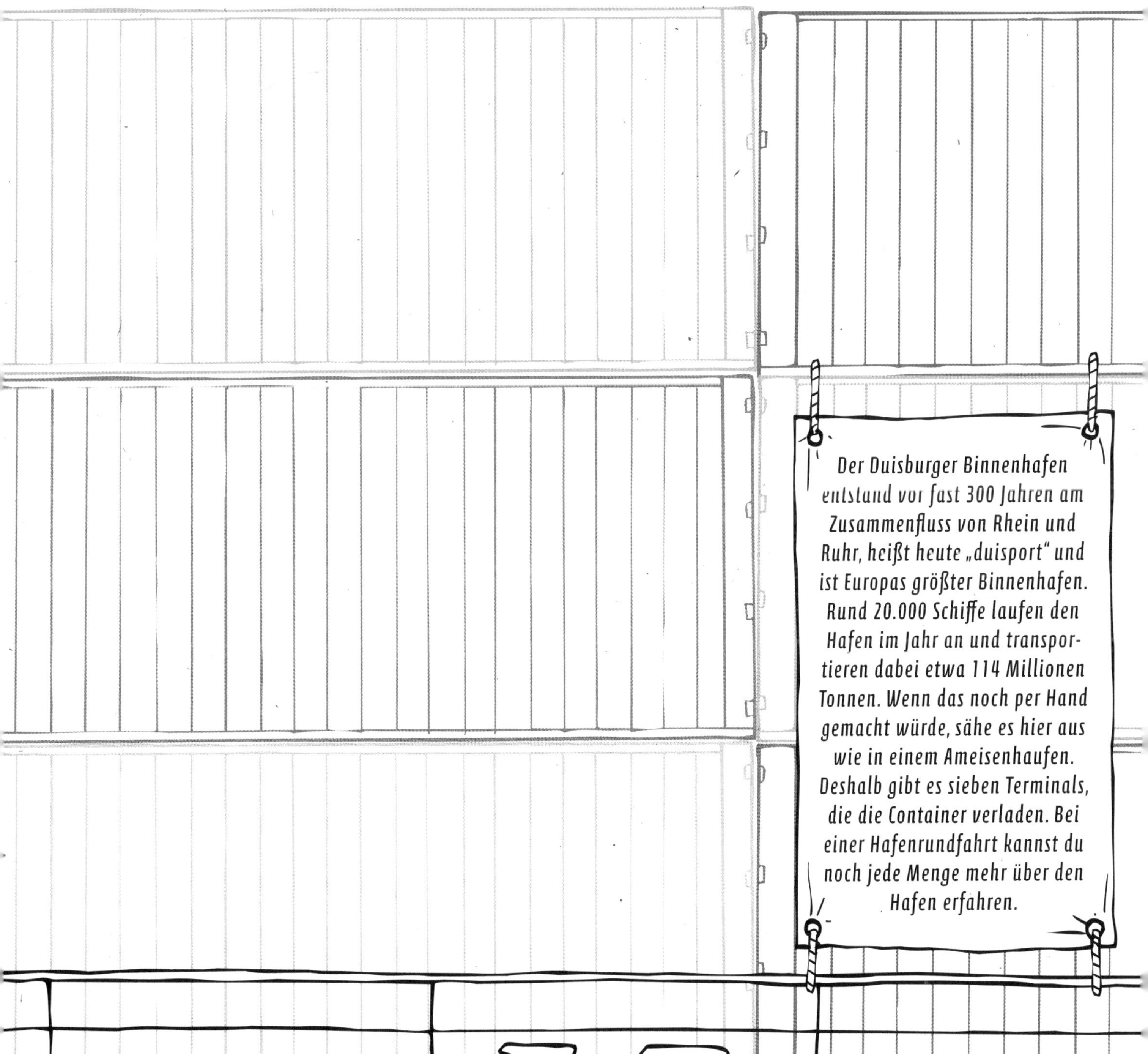

So ein großes Containerschiff von einer Länge von 135 Metern kann Container im Gewicht von 500 Tonnen aufnehmen.
Das sind etwa 250 Lkw!

Einer der schönsten Seen hier ist der Kemnader See. Außer angucken kannst

Es gibt fünf Stauseen an der Ruhr, an denen man viel Spaß haben kann. An allen Seen gibt es viele Sport- und Freizeitangebote, wie zum Beispiel am Kemnader See. Hier kannst du surfen, segeln, rudern, Kanu oder Tretboot fahren. Toll ist es auch, mit einem der Ausflugsschiffe eine Rundfahrt zu machen oder sich ruhraufwärts Richtung Witten-Bommern schippern zu lassen. Schwimmen im See ist leider verboten, aber keine Sorge: Dafür steht das Freizeitbad Heveney direkt am See zur Verfügung. Hier gibt es sogar eine Wasserkanone und eine Riesenrutsche. Und auf den Liegewiesen kann man prima grillen.

du auch viel unternehmen: Boot fahren, angeln und ...

Was findest du sonst noch spannend? Schreib´s auf oder zeichne es dazu, bitte.

Auch wenn du mal mit Wasser kleckerst, es geht nie verloren. Warum?

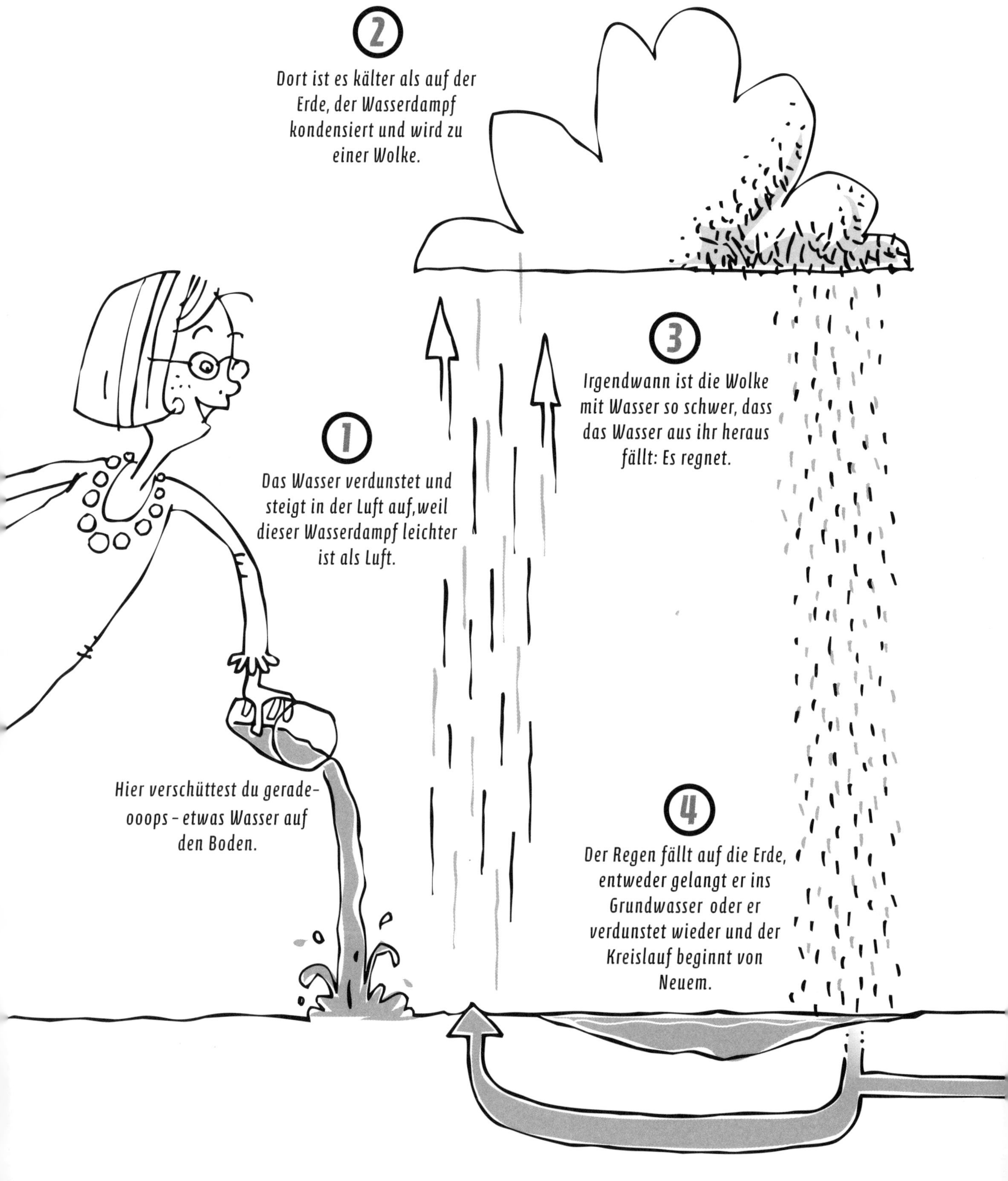

Im *Aquarius Wassermuseum* siehst du am Wasserkreislauf, wie das kommt.

6

Dann wird es in einen Wasserturm hochgepumpt, so einen, wie der Wasserturm von Styrum auch mal war, bevor er das Wassermuseum wurde.

5

Oder ein Teil des Wassers wird von einem Wasserwerk gesammelt.

8

Bis zum Wasserhahn, wo du dein Trinkwasser entnehmen kannst. Doch wenn du das Wasser getrunken hast und es in dir drin ist: Wie kommt es dann wieder in den Wasserkreislauf?

7

Und der Wasserturm pumpt das Wasser in die Wasserleitungen der Häuser.

Kinder aus anderen Ländern sehen manche Dinge anders als du. Warum,

Was ist das Geheimnis der Zaubertinte?

Was ist eigentlich „typisch türkisch"?

Können die Kinder in allen Ländern zur Schule gehen?

Warum sammeln Kinder zum Beispiel in Indien jeden Tag Müll in den Straßen ihrer Stadt?

Gibt es überall Strom?

erfährst du im Museum mondo mio! – und auch, was alle wichtig finden.

Wie werden die Toten in Madagaskar oder in Dortmund beerdigt?

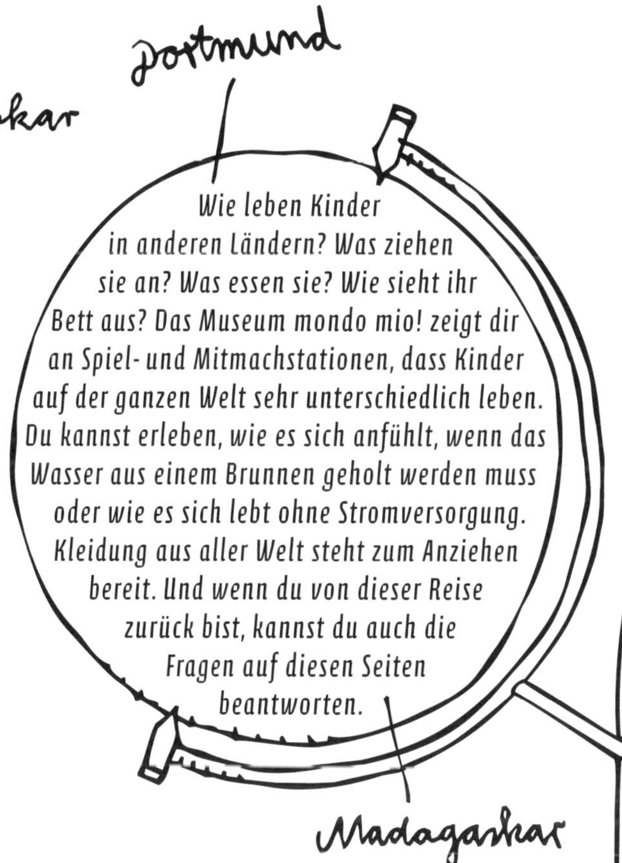

Wie leben Kinder in anderen Ländern? Was ziehen sie an? Was essen sie? Wie sieht ihr Bett aus? Das Museum mondo mio! zeigt dir an Spiel- und Mitmachstationen, dass Kinder auf der ganzen Welt sehr unterschiedlich leben. Du kannst erleben, wie es sich anfühlt, wenn das Wasser aus einem Brunnen geholt werden muss oder wie es sich lebt ohne Stromversorgung. Kleidung aus aller Welt steht zum Anziehen bereit. Und wenn du von dieser Reise zurück bist, kannst du auch die Fragen auf diesen Seiten beantworten.

Warum geht Mariama aus Bolivien jeden Morgen zum Brunnen?

Wie wird in Südamerika Müll getrennt und wie bei dir zu Hause?

Einmal in jedem Jahr zeigen die **Kinderfilmtage im Ruhrgebiet** die besten neuen Kinderfilme. Mache ein Plakat für deinen Lieblingsfilm!

Das hier wären einige Vorschläge für Hauptdarsteller.

Hier laufen tolle Filme wie Janosch, Fünf Freunde, Sams und Hanni & Nanni, aber auch ganz neue, noch unbekannte Leinwand-Abenteuer. Am Ende der Kinderfilmtage werden die besten Filme mit den Preisen „EMMI“ (bester Film) und „EMO“ (bester Darsteller) verliehen – und zwar von einer reinen Kinderjury. Bei den Kinderfilmtagen kannst du aber nicht nur Filme schauen, sondern auch viel über Filme lernen. Es gibt spezielle Tage, an denen du dir Filme ansiehst und dich danach mit anderen darüber unterhältst. Und bei den ebenfalls angebotenen Workshops kannst du selbst Filmszenen spielen oder synchronisieren.

Kino-Eingang ›

Ein Saal im **Museum Folkwang** für dich allein! So eine Ehre bekommen nur ganz große Künstler! Du kannst die Wand

Es gibt viele tolle Kunstmuseen im Ruhrgebiet, das Museum Folkwang ist das berühmteste unter ihnen. Hier werden vor allem Kunstwerke aus den letzten 200 Jahren gezeigt. Du kannst aber auch selbst aktiv werden: in Workshops oder mit der F-Box (das F steht für die Verbindung von Farbe, Folkwang und Familie), mit der du Gemälde entdecken und Aufgaben lösen kannst. Oder stelle als „Kunstbotschafter" deinen Freunden dein Lieblingsbild im Museum Folkwang vor.

Das Museum!

vollmalen (aber nur hier!) oder ein Bild von dir in einem Rahmen aufhängen.

Leg´ los – der Saal gehört dir!

Die 1955 gebaute 66 002 ist eine der letzten Dampflokomotiven, die in Deutschland fuhren. Sie war bis 1967 in Betrieb.

Im **Eisenbahnmuseum Bochum** kannst du Lokomotivführer werden. (Oder wenigstens mitfahren)

Verteile im Abteil schon mal die Plätze für die Freunde, die du mitnehmen willst.

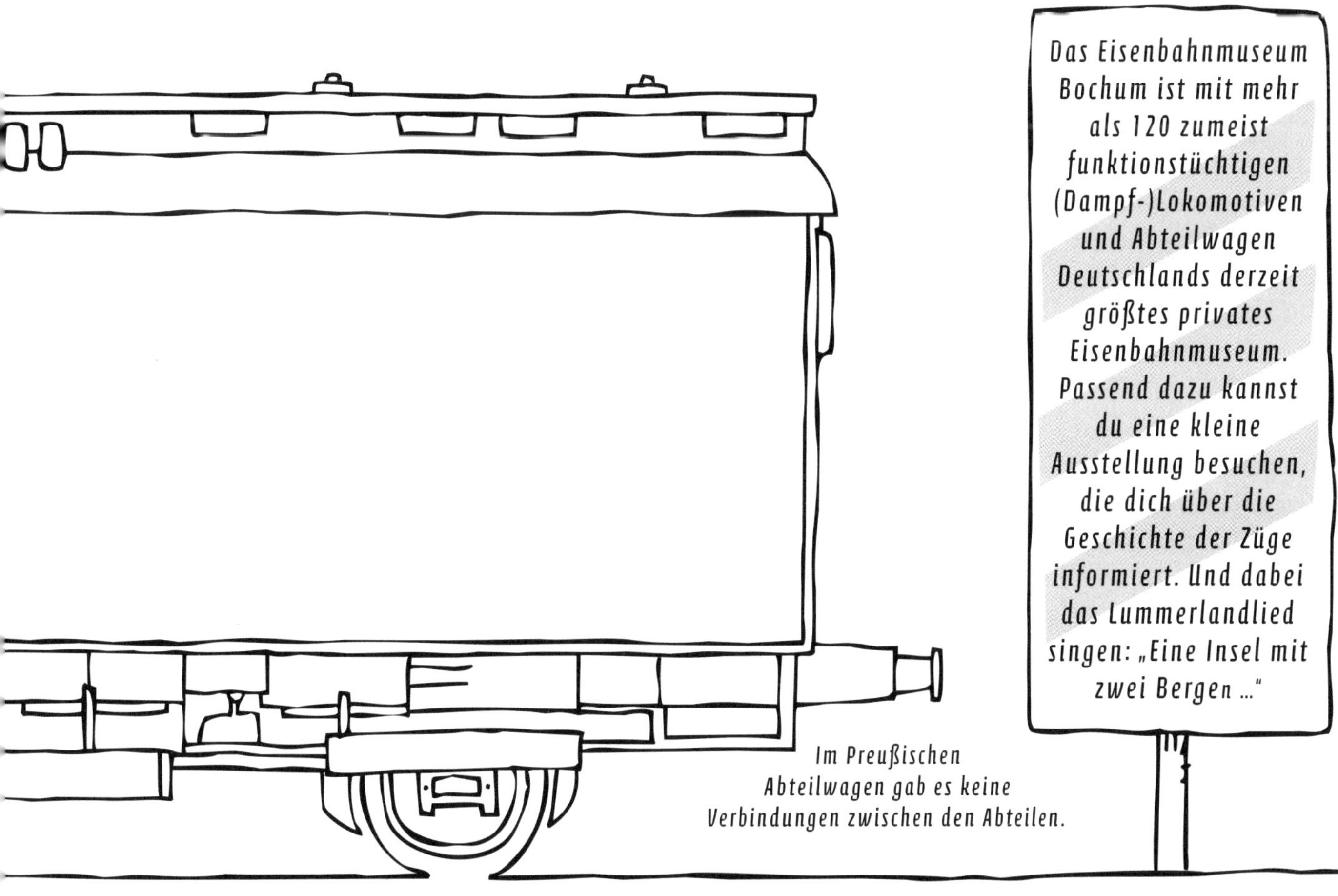

Im Preußischen Abteilwagen gab es keine Verbindungen zwischen den Abteilen.

Willst du mal an einem Tag Bäcker, Müller, Bierbrauer, Schmied und Drucker sein?

Das ist das Gelände vom Museum aus der Luft.

In der Schmiede geht es heiß her, im wahrsten Sinne des Wortes. Dir wird vorgeführt, wie z.B. Nägel oder Sensen vor Jahrhunderten gefertigt wurden.

Weißt du, was ein Lokomobil ist? Hier nur so viel:

Es ist ein mit Dampf betriebenes Zugfahrzeug.

In der Getreidemühle kannst du erleben, wie Korn zu Mehl gemahlen wird.

Wie wurden früher Bücher hergestellt, als es noch keine automatischen Druckmaschinen gab? In der Druckerei mit handbetriebenen Druckpressen.

Im LWL-Freilichtmuseum Hagen ist das kein Problem.

Da stehen viele Werkstätten und Betriebe zum Ausprobieren bereit: Hier einige Favoriten.

In der Tabakfabrik zeigen dir Vorführungen und eine Ausstellung, wie vor über 100 Jahren Zigarren produziert wurden.

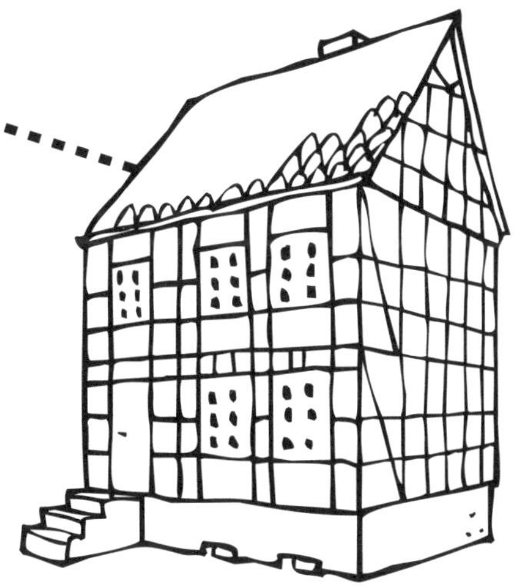

In der Bäckerei gibt es Brot, klar! Aber hier wird es in einem historischen Schanzenofen gebacken.

Die Brauerei schenkt frisches Bier aus, natürlich nur für die Erwachsenen. Interessant ist es trotzdem, wie das Getränk aus Hopfen und Malz gebraut wird.

Freilichtmuseum

Das LWL-Freilichtmuseum Hagen ist ein ganz besonderer Ort. Hier kann alles bestaunt und gleich ausprobiert werden. Das Museum ist eigentlich wie eine kleine Stadt. Überall stehen kleine Häuser, in die du reingehen kannst. In manchen siehst du Menschen bei der Arbeit. Die meisten Berufe gibt es heute nicht mehr oder sie sind ganz selten. Hast du schon mal einem Nagelschmied zugeschaut? Oder möchtest du Papier schöpfen, Metall bearbeiten, Stoffe bedrucken, Brot backen ... Es gibt genug zu tun.

Welche Sterne und Planeten kennst du? Was, so wenig? Dann nix wie hin

Was sind Sterne und wie entstehen sie? Gab es sie schon immer? Und was bedeuten Sternbilder? Hast du schon mal etwas von einem Sternbild Nilpferd gehört? Im Zeiss Planetarium Bochum erwartet dich ein nachgebildeter Sternenhimmel mit 5.000 Sternen. Es ist ganz schön bunt am Himmel, solche Bilder hast du noch nicht gesehen. Natürlich kannst du jede Menge Fragen stellen, und es gibt extra Kindervorführungen. Wie wäre es mit einer Reise zum Mond und zur Sonne? In einer Abenteuer-Show startet ein superschneller Raumkreuzer vom Weltraumbahnhof zur großen Planetentour. Steig ein und staune!

zum **Zeiss Planetarium Bochum**! Und danach kennst du sie alle. Bestimmt.

Wenn du wissen willst, wie deine Fotos in den Fotoapparat kommen, dann geh

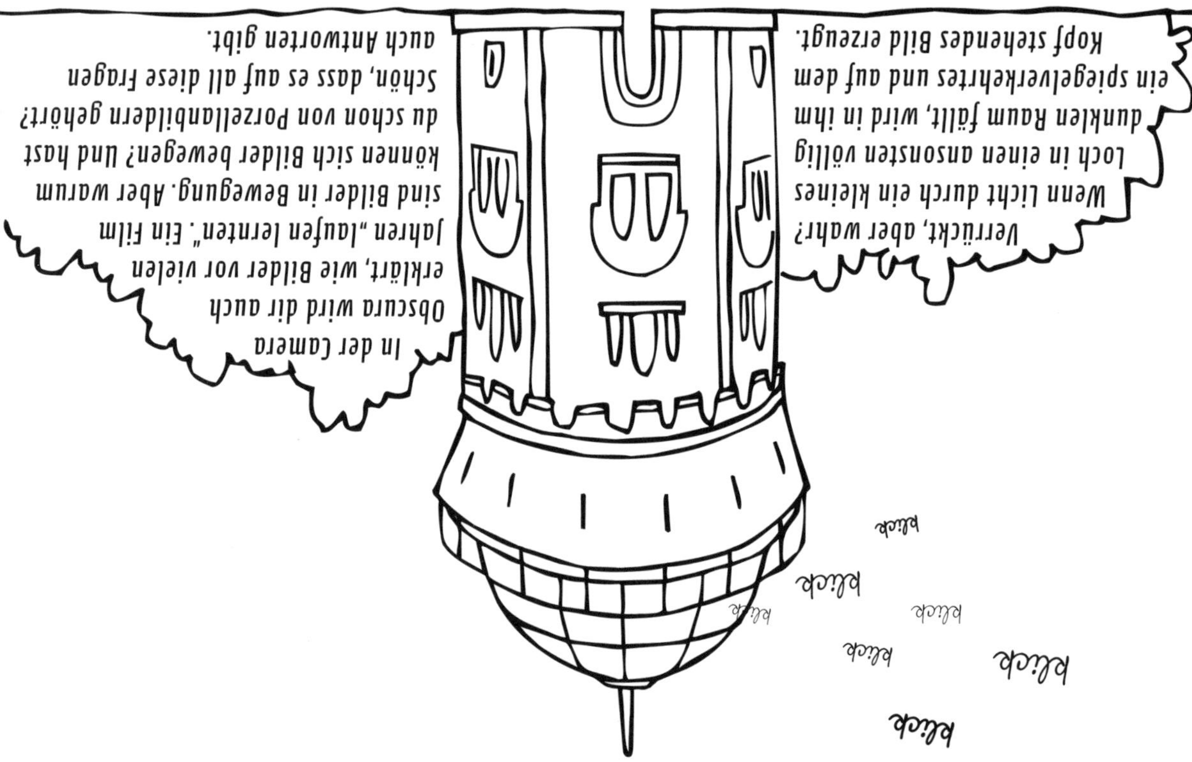

in die Camera Obscura. Und dort wird dir was Komisches auffallen, nämlich ...

Zeichne mal den Rest des Bildes, aber auf dem Kopf!

Kannst du ruhrpöttisch? Na, dann übersetz´mal schnell.

1 Allet picobello inne Bude
2 Auf Trallafitti gehen
3 Donnerlüttchen
4 Durch die Lappen gehen
5 Flautsche
6 Frierpitter
7 Futschikato
8 Hasse Bammel?
9 Klingelmänneken

10 Mach kein Tinnef
11 Mit Schmackes
12 Pesen
13 Ratzefummel
14 Rubbeldekatz
15 Spaß inne Backen haben
16 Stöppken
17 Toffte
18 Wonneproppen

1 alles sauber und aufgeräumt
2 ausgehen, sich amüsieren
3 Ausruf des Erstaunens
4 entwischen
5 nicht richtig aufgepumpter Ball
6 jemand, dem schnell kalt wird
7 etwas ist nicht zu finden
8 Hast du Angst?
9 beliebter Kinderspaß, an einem Haus auf alle Klingeln gleichzeitig zu drücken und dann schnell wegzulaufen

10 mach keinen Unsinn
11 kraftvoll
12 schnell laufen
13 Radiergummi
14 schnell
15 Freude haben
16 Kind bis vier Jahre
17 gut, z. B. tofftes Wetter
18 gut genährtes Kind

Im Ruhrgebiet gibt´s echt viel Tolles zu sehen. Hast du einen **Lieblingsort?**

Du kannst ihn HIER aufzeichnen oder in einem Text beschreiben.

Naa, willst du noch genauer einsteigen?

Dann gibt's hier weitere Informationen zu den im Buch vorgestellten Sehenswürdigkeiten.
Die Auflistung der Links entspricht der Reihenfolge im Buch.

LVR-Archäologischer Park Xanten mit RömerMuseum: www.apx.lvr.de
Museum für Ur- und Frühgeschichte - Wasserschloss Werdringen: www.historisches-centrum.de
Kindermuseum Adlerturm: www.dortmund.de/de/freizeit_und_kultur/museen/museum_adlerturm
Hattingen (Ortskerne): www.hattingen.de **oder** www.hist-stadt.nrw.de
Emscher Park Radweg: www.route-industriekultur.de **oder** www.metropoleruhr.de
Borussia Dortmund: www.borusseum.de
FC Schalke 04: www.100-schalker-jahre.de
Hochseilgarten Wischlingen: www.tree2tree.de/de/hochseilgarten-dortmund
Kluterthöhle: www.kluterthoehle.de
Deutsches Bergbau-Museum: www.bergbaumuseum.de
Fördertürme und -gerüste: www.foerdergerueste.de
Zeche Zollern II/IV mit LWL-Industriemuseum: www.lwl.org
Henrichshütte mit LWL-Industriemuseum: www.lwl.org
Duisburger Zoo: www.zoo-duisburg.de
Museum für Naturkunde: www.dortmund.de/de/freizeit_und_kultur/museen/museum_fuer_naturkunde
Industrienatur im Ruhrgebiet: www.ruhrgebiet-regionalkunde.de **oder** www.metropoleruhr.de
Ziegenmichel: www.ziegenmichel.de
Maximilianpark: www.maximilianpark.de
Villa Hügel: www.villahuegel.de
Gasometer: www.gasometer.de
Westfalenpark mit Florianturm: www.dortmund.de/de/freizeit_und_kultur/westfalenpark_dortmund
Schiffshebewerk Henrichenburg mit LWL-Industriemuseum: www.lwl.org
Seebad Haltern: www.seebad-haltern.de
Xantener Südsee: www.strandbad-xantener-suedsee.de
Museum der Deutschen Binnenschifffahrt: www.duisburg.de/micro/binnenschifffahrt
duisport / Duisburg Binnenhafen: www.duisport.de
Freizeitbad Heveney: www.kemnadersee.de
Aquarius Wassermuseum: www.aquarius-wassermuseum.de
Kindermuseum mondo mio!: www.mondomio.de
Kinderfilmtage im Ruhrgebiet: www.kinderfilmtage-ruhr.de
Museum Folkwang: www.museum-folkwang.de
Eisenbahnmuseum Bochum: www.eisenbahnmuseum-bochum.de
LWL-Freilichtmuseum Hagen: www.lwl.org
Zeiss Planetarium Bochum: www.planetarium-bochum.de
Camera Obscura: www.camera-obscura-muelheim.de

Wenn du z.B. die Adressen
wissen willst oder die Öffnungszeiten
oder die Eintrittspreise oderoderoder.
Viel Spaß dabei!